捨てられる男たち

劣化した「男社会」の裏で起きていること

奥田祥子

SB新書
545

はじめに

「アイツのためを思った指導がパワハラだなんて、納得できるわけがない」

「チャンスを与えてやったのに、セクハラ告発の不意打ちを食らうなんて……」

普段はネガティブな感情を露《あら》わにすることのない男たちが目を充血させ、時に嗚咽《おえつ》しながら必死に思いの丈をぶつける姿が、今も脳裏に焼きついて離れない。

このままでは男たちは職場や家庭はもとより、社会からも捨てられてしまう――。20年余りに及び、男性の生きづらさを取材してきて、そんな思いに衝《つ》き動かされたのが本書を上梓《じょうし》することになった動機である。

ハラスメント加害者を擁護するつもりは毛頭ない。だが、本書に登場する管理職に就く中年男性たちは取材の過程で、部下の成長を心から願い、長時間労働の是正、女性登用の促進など職場が抱える課題に果敢に立ち向かい、そして妻子への想《おも》いを熱く語っていた。パワハラやセクハラ、家庭内モラハラなどのハラスメントの告発を受けるに至った社会的背景や心理的要因を探れば探るほど、男たちの悲哀を感じずにはいられなかった。

〝無自覚ハラスメント〟――。これが彼らが陥った行為の正体である。そして、〝無自覚ハラスメント〟に及ぶ要因を数多《あまた》の取材事例から分析して浮き彫りになったのが、彼らに無批判に内在化された「男社会」の価値観だった。

本書でいう「男社会」とは、男性主導の画一的、同調型の中央集権的な組織運営で成り立っていた日本の企業社会を指す。だが、ＡＩ・ビッグデータの活用、ＩｏＴ（モノのインターネット）、シェアリング・エコノミーなどの第四次産業革命に直面しようとしている時代には多様化や分権化が求められており、男性優位の排他的な組織運営はすっかり立ちゆかなくなっている。もはやシステムとして機能し得ず、「劣化」してしまったのである。

こうした「男社会」を思想、観念的に支えたのが、男性は「職場の競争に勝って高収入を得るなど成功し、社会的評価を得なければならない」「妻子から経済的、精神的支柱として敬われるべき」「弱音を吐いてはいけない」といった伝統的な「男らしさ」の固定観念である。

本書に登場する中年男性たちが拠《よ》り所としてきたこの「男社会」の価値観が、日本が目指す新たな社会の価値体系と相容《あいい》れないのは言うまでもない。

それにもかかわらず、旧態依然とした価値観に支配され、その呪縛からいっこうに逃れられないでいるのが、パワハラ、セクハラなどの行為者になり得る立場にいる40歳代、50歳代の上司世代なのである。大半がバブル世代と団塊ジュニア世代にあたり、経済動向など社会背景は異なるものの、競争を勝ち抜き、いまだ男性優位のイデオロギーを保持しているケースが多いことは共通している。そして何よりも、たとえ一瞬であっても、「男らしさ」のジェンダー規範を具現化した成功体験のある場合が少なくないことが、旧来の価値観からの脱却を困難にしている。この「男社会」の価値観がもたらす、部下世代との世代間ギャップ、性差によるコミュニケーション不全などもハラスメントを誘発する深刻な問題だ。

厳密に言えば、何を「男らしい」と見なすかは文化的な影響を受け、国・地域のほか、世代や階層などでも違いがある。このため、本書で述べる「男らしさ」とは、先述した古い男性主導の固定観念を指すものとする。

本書の特徴は最長で20年にわたり、同じ取材対象者に継続的にインタビューを行った定点観測ルポになっている点である。例えば、過去の時点では平静を装ったり、胸に秘めていたりした苦悩が、その後の取材で初めて明るみに出るケースも少なくない。ある一時を切り取っただけのインタビューでは推し量れない、問題の深層や人々の心の機微に触れることができたのではないかと思う。多数のケース、長時間に及ぶインタビューデータを分析してテーマごとに分類し、代表的な事例を紹介している。

全5章構成で、第1章「パワハラに足をすくわれる男性上司」で無自覚のうちにパワハラ行為に至る男たちの実相に迫り、第2章「セクハラという『聖域』」では、多様化、複雑化する古くて新しいハラスメントであるセクハラで、管理職男性が追い詰められる実態を明らかにしている。第3章「女たちのジレンマ」は女性に視点を移し、「男社会」の価値観を受容せざるを得なかった葛藤を描き、第4章「モラハラで家庭喪失」では可視化されにくい〝モラハラ夫〟の苦悩を追った。最終章の第5章「誰も捨てられない社会のつくり方」では、社会学的知見を交えて〝無自覚ハラスメント〟を引き起こすダイナミクスを考えるとともに、多様性と包摂性のある社会の実現に向けたヒントを提案している。

この1年余りのインタビューはコロナ禍に見舞われたため、マスクをつけての対面取材のほか、ウェブ会議システムを利用したオンラインで話を聞かざるを得ない状況だった。対面であっても、感情が表出する顔面の中心部がマスクで隠れる。オンラインで上半身がパソコン画面に映し出されても、リアルな表情を読み取るのは容易ではないうえ、手先や下半身の動きは観察できない。つまり、平時のように表情やジェスチャーなどを克明に記録することは難しかった。

一方で、事例にもあるように、コロナ禍が職場や家庭における問題を可視化させた側面があることを痛感した。

本書では、男性、女性という言葉・概念が頻出するが、そもそも男女二元論で、ハラスメント問題を語ること自体、ナンセンスなのだ。それでも敢《あ》えて、ハラスメント行為に無自覚で至ってしまう、シスジェンダー（出生時に割り当てられた性別と性自認が一致する人）で、ヘテロセクシュアル（異性を愛する人）の男女をケーススタディとして取り上げた。なぜなら、まずこの問題を乗り越えない限り、性自認が産まれた時に割り当てられた性と異なる人、性的指向が同性である人、性分化疾患（ＤＳＤ）の人などの多様な性も踏まえた、それぞれの生きづらさの抜本的な問題解決にはつながらないと考えたからだ。

本書に登場するのは、どこにでもいる市井《しせい》の人々である。あなたの上司・同僚・部下であり、夫・妻であり、そしてあなた自身であるかもしれない。声なき声に耳を傾け、人々の苦しみを少しでも軽減できる方法を、ともに考えていただければ幸いである。

※本文中の仮名での事例紹介部分については、プライバシー保護のため、一部、表現に配慮しました。

捨てられる男たち　目次

はじめに　3

第1章　パワハラに足をすくわれる男性上司　15

1　「部下のため」熱血指導の誤算　16
男たちが陥る〝無自覚パワハラ〟／世話を焼いた部下が突如「うつ病」休職／秘密裡に進行していたパワハラ調査／「自分が成長できたように、指導しただけなのに……」／元「被害者」として抱いた問題意識／現場では役に立たない想定問答集／「パワハラはほとんどがグレーゾーン」

2　働き方改革がパワハラの温床　28
自身の反省から長時間労働是正に／思い通りに進まない働き方改革／コロナ禍のテレワークが招く「ジタハラ」／「働き方改革はパワハラを生むだけ」

3　〝偽パワハラ〟で部下に追い落とされる　36
部下の残業を背負って過労休職／復職日にパワハラで懲戒処分／「〝偽パワハラ〟

の罠にはまった」／組織依存やめ、自己の存在を見失わない

4　若手社員からの〝逆パワハラ〟で会社も敵に　44

労働環境改善は「腕の見せどころ」／「机上プラン」という現場からの声／怠惰な部下からの〝逆パワハラ〟／共に闘った役員は今や〝敵〟／「変化を認めたくなかった……」

5　「男社会」の価値観が誘発するパワハラ　52

巷に溢れる〝無自覚パワハラ〟／部下からの嫌がらせもパワハラ

第2章　セクハラという「聖域」　61

1　「活躍」女性からの不意打ち　62

古くて新しいハラスメント／「まさか、この私が……」／長い歴史も、後を絶たない問題／「男企業」で女性を管理職に／女性登用によるセクハラ被害を懸念／やっと巡ってきた好機／凛とした女性部下との対面／女性の人材育成が急務／手厚く指導した女性部下からの告発／キャリアのために「出産を控えろ」／感謝しているが「訴え後悔していない」

2 思わぬ「マタハラ」告発 81
「過剰な配慮はやる気を奪う」／育休後に意欲が低下した女性部下／マタハラ告発は「僕への嫌がらせ」

3 男性部下への助言が「パタハラ」に 89
男性の育休に理解のある管理職／コロナ禍在宅勤務を機に生じた不和／虚偽の「パタハラ」で訴えられる／「出世を望まない男を受け入れられるか……」

4 部下への思い込みが招くセクハラ 99
女性の多様性を度外視／部下の変化を受け入れられない

第3章 女たちのジレンマ

107

1 〝女を武器〟に「被害者」に活路 108
男の価値観を許容せざるを得ない苦悩／信頼していた上司をセクハラ告発／可憐でしなやかな総合職女性／〝広告塔〟でなく、「結果を出して管理職になる」／「男並み」でない、「女性の強み」を生かして／部下からの集団いじめを救った「恩人」／恋する上司からの評価をやりがいに／「復讐することでしか、生き残る道はない」

2 女性上司が陥る〝女王蜂症候群〟 125
管理職に就いて「活躍の場を広げたい」／課長昇進で「景色が変わった」／「つい感情的に……」女性部下へパワハラ／「女の敵は女」という落とし穴

3 癒し求めた男性部下からの告発 133
「男社会」に操られて泣き寝入り／「男に寝返った」とは思わないで／「出世して男の意識を変えたい」／「女の弱さ」を認められていれば……

4 「男社会」を引きずる女たちの葛藤 142
「活躍」と格差の狭間で／ミソジニーと闘い続けるしかない

第4章 モラハラで家庭喪失 149

1 〝職場化する家庭〟の末路 150
深刻な加害者意識の低さ／〝逆DV〟は「僕がモラハラ夫だったから」／「父親講座」で不安解消／「パパサークル」でも明かせない悩み／妻に認めてもらうための〝仮面イクメン〟／妻の出世で敗北感／「職場のような家庭」で心休まらない／在宅勤務でたまった怒りが夫へのDVに／モラハラを自覚した衝撃

2 〝無自覚モラハラ〟で妻の逆襲 166
「夫は仕事、妻は家庭」が一番／妻の〝プチ起業〟で怒り爆発／「ひどく傷ついた」妻から離婚の申し出

3 定年夫の孤独 175
「私の息子だから」大丈夫／「ニートでは困る！」／「息子からも家内からも、見放された」／妻子に依存せず、自立して向き合えるか

4 家庭という〝密室〟で起こる脅威 184
強い執着で妻子を「支配」／理想の家族像を追い求めたゆえの惨劇

第5章 誰も捨てられない社会のつくり方 191

1 〝無自覚ハラスメント〟と社会的排除 192
カギは異文化理解と意思疎通／上司・部下のコミュニケーション不全／パワーゲームにはまるバブル・団塊ジュニア／競争も高望みもしないゆとり世代

2 世代間・性差の壁を超えて 199
部下には「ローコンテクスト」で／関係構築に飲み会不要な部下世代／女性部下へは「共感」から始めよう／「女性はインポスター」は管理職の責任逃れ／「謙虚な問いかけ」が信頼を育む

3 役割期待のズレを知る 207
夫婦「幻想」がもたらすモラハラ／満たされない承認欲求／相手に求め、期待し過ぎない

4 「男らしさ」の呪いを解く 214
男を追い詰めるジェンダー規範／「被抑圧性」に苦しむ従属的な男性たち／「生きづらさ」に性差はない／固定観念を覆す男性像と多様性のある社会

おわりに 226

第1章

パワハラに足をすくわれる男性上司

1 「部下のため」熱血指導の誤算

男たちが陥る〝無自覚パワハラ〟

改正労働施策総合推進法（通称「パワハラ防止法」）施行により、2020年6月から、職場内の優位性を利用した嫌がらせ行為であるパワーハラスメント（パワハラ）の防止対策が大企業で義務付けられた（中小企業は22年4月から）。パワハラ対策は今や、事業主が取り組むべき最優先課題となっている。

ちなみに、厚生労働省がパワハラの定義を初めて公表したのは12年、パワハラという和製英語がある書籍を契機に世に出たのは03年までさかのぼる。15年末、電通の新入社員、高橋まつりさん（当時24歳）が過労自殺し、労災認定された事件を受けて「働き方改革実行計画」にパワハラ対策が検討項目に加えられたことで、ようやく法制化にこぎつけた。

パワハラ加害者の多くが、対策を率先して推進していくべき立場にある管理職の中年男性たち。心身に苦痛を与えるだけでなく、被害者を辞職に追い込むケース、さらに最悪の場合には心を病んで自殺に至るケースまであるパワハラは、徹底的に食い止めなければならないのは言うまでもない。

ただ一方で、パワハラ行為に及ぶ中年男性の中には、故意や悪意ではなく、それが職場内の優位性を利用したハラスメントに当たることさえ自覚していないケースも少なくない。この〝無自覚パワハラ〟は防止しようにも、当の本人がそうと認識していないだけに非常に厄介だ。そうして、その意識の根底にあるのが、旧来の日本型企業文化を象徴する、男性至上主義に基づく均質的で同調型の価値観なのである。

本章では、〝無自覚パワハラ〟で左遷の危機に瀕《ひん》したり、パワハラに対する理解が不十分なために〝偽パワハラ〟の罠《わな》にはまったりする管理職男性たちの事例を取り上げる。「部下のためを思った」熱血指導が思いもよらぬ事態を招いたケースもあれば、働き方改革として推し進めたはずの「配慮」が長時間労働の温床になったケースもある。一方、部下や会社に対する長年の思い込みが誤りであったことに気づいたその時すでに遅し、自身を取り巻く環境が一変した男性もいる。男たちはなぜ、パワハラで窮地に立たされたのか――。

世話を焼いた部下が突如「うつ病」休職

新型コロナウイルス感染拡大に伴う最初の緊急事態宣言が解除されてから１ヵ月余り過ぎ、

近づく「第2波」をまだ多くが予測できずにいた20年初夏、閑散とした喫茶室で向かい合って座る横川慎太郎《よこかわしんたろう》さん（仮名、当時49歳）は5、6分の沈黙を経て、うつむき加減だった顔を上げると、こう一気にまくしたてた。

「アイツのためを思って、懸命に指導してきたのに……まさか『パワハラ』だなんて、絶対に納得できません。それに、奴《やつ》だって嫌な顔ひとつせずにいつも、『はい、わかりました』『ありがとうございます』と答えて、私の意向を快く受け入れていたんです。それなのに、なぜ……。まるで、飼い犬に手を噛《か》まれたような心境です」

マスクをつけていても顔色が青白く、頬が痩せこけているのがわかる。充血した大きな目がより目立ち、強烈に訴えかけてくる。「アイツ」「奴」といった部下の呼び方は〝企業戦士〟の厳格な上下関係を彷彿《ほうふつ》とさせ、部下がお礼の言葉などを口にしたとはいえ、自身の意向を「快く受け入れていた」と決めつけているあたりも気になった。

横川さんは部下に対するその行為が「パワハラ」であることを自覚していない、〝無自覚パワハラ〟のケースだった。

東京に本社のある大手メーカーに勤める横川さんは数年間、人事部に在籍した以外は、入社以来営業畑ひと筋で歩み、1年前に念願の部長に昇進した。同時期に入社5年目で総務部門から異動してきた27歳の男性社員に目をかけ、本来は先輩社員や管理職でも課長レベルが指導にあたる、営業のノウハウや神髄を直接説いて聞かせたり、自身が現場に出ていた時から贔屓《ひいき》にしてもらってきた取引先を飲み会の席を設けて紹介したりするなど、世話を焼いた。そのお陰で部下は「メキメキと腕を上げていった」のだと、横川さんは信じて疑わない。

異動から半年過ぎた頃、突如として異変が訪れる。その部下が「うつ病」の診断書を提出し、1ヵ月休職することになったのだ。横川さんにとっては寝耳に水だった。

秘密裡に進行していたパワハラ調査

部下がうつ病休職に入るのと時を同じくして、横川さんへのヒヤリングが行われた。実際にはその約2週間前に、休職した男性社員からのパワハラ告発を受け、人事部のパワハラ相談窓口の担当者、人事部長が直属の課長、部次長ら告発者の上司や同僚数人から事情を聴き、目撃情報や状況の聞き取り調査をほぼ終えていた段階だった。

「入社年次が1期下で、一時期人事部で一緒に仕事をしていた人事部の部長から『ちょっと時間ありますか?』と急に会議室に呼ばれた時は、こんなことになるなんて、全く予想だにしていませんでした。まるで、悪夢、です。それで……アイツから『パワハラの訴え』が出ていると……。それだけ、じゃ、ないんです……調査の結果、パワハラ、が、認め、られたと……」

あの会議室での本人曰《いわ》く「悪夢」がよみがえったのか、横川さんはコツンと音がするほど額を喫茶室のテーブルにぶつけて顔を伏せ、両手で後頭部を覆った。再び沈黙が訪れる。時計を見るのも忘れていたほどだったので、それほど長くない、たぶん1分程度だっただろう。顔を上げた彼は一変して無表情で、こう続けた。

「あくまでも部下の成長を願っての指導で、入社5年目で初めての営業職ということで戸惑いもあるだろうと思って懇切丁寧に教えた、と主張しましたが、全く聞き入れてもらえませんでした。おまけに……ボイスレコーダーまで出しやがって……」

淡々と丁寧に話していたかと思うと、突然怒りを露わにして乱暴な言葉になる。彼自身、現状を受け入れられず、精神状態が不安定になっているのがうかがえた。

「もし差し支えなければ、ボイスレコーダーに何が録音されていたのか、教えていただけますか?」横川さんの様子が少し落ち着いたのを見計らって、恐る恐る尋ねてみる。

すると、冷静さを装いながら教えてくれた。まるでセリフを棒読みするように。

「お前、大人し過ぎるぞ。やっと営業に来れたんだから、死ぬ気で頑張れよ」

「昨日の夜の態度は何だ。せっかく取引先を紹介してやったんだから、もっと食いついていけよ」

中には、休日に携帯に残した留守電メッセージも証拠として提出されていた。

「……休日で遊び呆《ほう》けているのか。明日の商談に備えて、ちゃんと準備しておけよ」――。

人事部長の説明では、その部下の男性社員は営業部に異動してきてほどなくしてから、横川さんの言動がパワハラであると認識し始め、次第に不眠になり、ふさぎ込み、仕事に集中できなくなることが増えていった。直属の課長に相談したところ、人事部にパワハラ事案として訴えるとともに、産業医の面談を受けるように言われ、産業医の紹介でメンタルクリニックを受診して軽度のうつ病と診断されたのだという。

「自分が成長できたように、指導しただけなのに……」

横川さんは部下へのパワハラが認定され、譴責《けんせき》の懲戒処分を受けて始末書を提出させられた。同時にラインを離れて部下のいない総務部所属の専任部長へと、実質的な降格人事が課せられた。20年の年初のことだ。パワハラ加害者への聞き取り、弁明の機会は十分だったのか、今となっては検証しようもない。

「パワハラと認定された言動はどれも、自分が若い時、上司から受けたものばかり。厳しかったけれど、私のことを思って指導してくれていることがわかったから苦にならなかったし、逆にやる気が出た。自分が成長できたように、部下の成長を願って指導しただけなのに……。今の若手社員は、すっかり変わってしまったんですね……」

ささやくように語ると、どこを眺めるともなく、喫茶室の窓の外に目をやった。

元「被害者」として抱いた問題意識

この20年初夏のインタビューだけを切り取ると、横川さんは単に古い価値観に囚われた〝無自覚パワハラ〟の加害者ということになってしまうのかもしれない。だが、さかのぼること10年以上前から彼を継続的に取材してきた身としては、そう単純化して語ることは決してできない。彼はパワハラを受けたことをきっかけに問題意識を持ち、一時期は人事部でパワハラ対策に取り組んでいた側の人間だったのだ。そんな人物がどのような経緯で加害者に転じてしまったのか。「男社会」の価値観と、刻々と移りゆく職場、社会のありようとのせめぎ合いを重ねてきた横川さんのこれまでを振り返りながら、パワハラで窮地に追いやられた心理的、社会的要因を探ってみたい。

すでに「パワーハラスメント」という言葉は書籍のタイトルとして世に出てから数年経《た》っていたものの、キャッチーな響きの和製英語は一部で流行語的な捉え方をされ、どれだけの人がその概念を正確に把握していたかは疑わしい、10年のこと（先述の通り、厚生労働省がパワハラの定義を発表するのはこの2年後である）。ある人材コンサルタント会社が東京都心で主催したパワハラをテーマにしたセミナーが、横川さんとの出会いの場だった。

どんな人たちがどのような目的で、当時はまだ珍しかったパワハラ・セミナーに参加しているのかを取材するのが狙いだったが、講師の話を聞いて理解しようと努めれば努めるほど、「指導」との境界線が曖昧《あいまい》なことが浮き彫りとなり、「パワハラ」という言葉が独り歩きしないかと、一抹の不安を覚えたのを鮮明に記憶している。

「匿名なら」とインタビューに応じてくれた当時39歳で人事部の課長を務めていた横川さんは、2年前に直属の上司である営業部の課長から過大なノルマを課せられ、達成できないと部員の多くが席にいる時を見計らって大きな声で叱責《しっせき》するなどのいじめを受けたことを明かしてくれた。課長はある不祥事が発覚して横川さんへの行為を問われる前に辞職したが、その出来事をきっかけに部下の成長のための指導と、いじめとの違いを明確にし、社員に周知する必要性を痛感した。自ら希望して人事部に新たに設けられたパワハラ相談窓口の担当職に就いて半年余りが過ぎるという。

「営業職は管理職がしっかりとマネジメントしていかないと、残業は底なしですし、指導といじめの境目が曖昧になりやすい職種だと思うんです。そんな営業を入社してからずっと経験して、あの課長からのパワハラですから……。自身の経験を人事部で生かして営業に還元したいと、社内公募に応募して期限付きのパワハラ担当になったんです。一人からのパワハラを除いて、上司からの厳しい指導は自分の成長を願った愛情であったと、とても感謝しているんです。だから、そうした正しい指導を誤ってパワハラとして問題にしないためにも、対策が必要だと考えています」

そう真剣な表情で語ってくれた。この時の様子がよほど印象的だったのだろう。通常は語りやジェスチャーなどを文章で記録する取材ノートには、見開いた目の部分を描いたイラストが添えられていた。

現場では役に立たない想定問答集

しかし5年後の15年、営業に戻って2年が過ぎ、部次長に昇進していた横川さんはいつになく厳しい顔を見せた。それまでも定期的にインタビューを重ねていたが、この時は初めて彼のほうから話を聞いてほしいと連絡を受けての面会だった。

「人事部にいた時に作ったパワハラの事例集も、想定問答集も、現場では全く役に立たないんですよ。世の中は以前に比べると、パワハラへの認識は広がって、いや正確な理解かどうかは別として、騒がしいぐらいですが……。あっ、そう……そうです、理解できていないんですよ。世間も、そして私自身も。営業に戻ってからすでに数件、パワハラ事案が起きて、今もまさに一件、人事部が関係者へのヒヤリングを行っている最中なんですが……どうにもこうにも……」

自分が日頃考えていること、疑問に思っていることを断片的にでも話してみて、そのことによって改めて新たな事象や考えに気づく、そんな口ぶりだった。

あれだけ熱心に自身のパワハラに関する理解から始め、社員への周知、相談窓口の設置、管理職向けの研修、関係者への聞き取り調査、処分決定に至るまで、さまざまな対策の陣頭指揮を執っていた人事部時代の横川さんとはまるで別人のよう。「営業に還元したい」という目標も達成できないまま、管理職としてさらに苦悩を深めている様子がひしひしと伝わってきた。この時はただ彼の話に耳を傾けるだけで、踏み込んだ質問もできず、不甲斐《ふがい》ない思いの残る取材となってしまった。

「パワハラはほとんどがグレーゾーン」

そうして本章の冒頭、20年初夏、パワハラで懲戒処分を受けてから数ヵ月後の取材での、悲痛な心境の告白へとつながるのだ。

パワハラを訴えた元部下の男性社員は、うつ病休職からいったん横川さんが去った営業部に職場復帰した。次の定期異動でマーケティング部に移ったものの、うつ病が再発したとして2年の間に2〜3ヵ月の休職を2度繰り返した後、依願退職（自己都合退職）したという。

横川さんは今、総務部から、法務部内のコンプライアンス室に異動し、職位は変わらず、専任部長を務めている。法令などの遵守に関する事項を一元的に管理する部署で、社内のパワハラ、セクハラ事案についても人事部と連携して、社員にコンプライアンスを理解させるための取り組みなどに関わっている。

パワハラの加害者として認定されて懲戒処分まで受けた元営業部長が、コンプライアンスを推進する部署に配属されることには社内からも異論があったようだが、それ以上に本人の戸惑いは大きかった。

猛威を振るうコロナ「第3波」により、東京、大阪など11都府県に2度目の緊急事態宣言が発令された21年新春、コンプライアンス室への異動の打診を受けたが、どうしたらよいか迷っているという横川さんに、ウェブ会議システムを利用してオンラインで話を聞いた。

「『君のこれまでの経験を生かしてほしい』と部長、そして担当役員からも言われました。会社員人生はもう終わったと諦めていたので、昇進は見込めなくても、こんな自分でもまだ必要とされる仕事が残っているのかと、正直、驚きました。それと……ハラスメントだけが仕事ではありませんが、やはり事案に接するたびにあの出来事を思い出し、職務に取り組めないのではないかという不安もあって……」

「経緯を伺っていると、長年の営業での経験、そしてあのパワハラの出来事も含め、横川さんは間違いなく必要とされているのではないでしょうか」

苦悩している取材対象者には状況に応じて、オブラートに包んで応答することもままあるが、この時は率直に語りかけた。

「そう、そうですよね……」心なしか表情が和らいだように見えた。

コンプライアンス室に異動後は慌ただしいようで、インタビューの時間を取ってもらうことはできなかったが、その後、横川さんから次のようなメールが届いた。

〈パワハラは他のハラスメントと比べても、グレーゾーンが多い、というか、ほとんどがグレーゾーンといってもいいかもしれません。パワハラ対策に取り組んできたこの私が加害者になってしまい、そうよく考えます。（略）昔は上司からの厳しい指導のお陰で若手が成長できたが、今は一歩間違えるとパワハラとして問題になってしまう。このあたりのことはまだ十分に理解できないでいます〉

職場、会社のありよう、そして部下との関係性が変容してきていることは身に染みている。が、どうしても過去の古き良き時代の価値観が捨てられない。そんなアンビバレントな心情がうかがえた。

2　働き方改革がパワハラの温床

自身の反省から長時間労働是正に

２０１７年、翌年に成立・公布が見込まれる働き方改革関連法（働き方改革を推進するための関係法律の整備に関する法律）を見据え、大阪の専門商社の企画部課長を務める山岡健《やまおかけん》二《じ》さん（仮名、当時38歳）は、長時間労働の是正や柔軟な働き方を進める方策などについて熱弁を振るった。

「長い間、青天井だった残業時間にようやく法律で上限規制が設けられるのは、画期的なことなんです。今こそ残業時間の削減、いや法律が施行される頃には『残業ゼロ』が実現できるよう、真剣に働き方改革に取り組まなければならない。その先頭に立って主導していくのが、社員に近い管理職である課長の役目なのだと考えています」

具体的な取り組みについては、子育て中の社員の時短勤務の適用期間の延長をはじめ、始業と終業の時刻をそれぞれの生活や働き方に応じて設定できるフレックスタイム制を導入すること。さらに育児だけでなく、家族を介護している社員にも法律で定められた、介護休業を要介護者１人につき、93日を３回を上限に分割取得できるしくみをもっと柔軟に運用するほか、子育ても介護も該当しない社員には、残業を削減した分をリカレント教育（学び直し）などに活用してもらうことを検討中だという。

すべてが実現すれば、理想的な働き方改革といえるが、よくよく聞いてみると、いずれも導入の見通しは立っていないようだ。働き方改革の実現にこれほどまでに意欲を見せる管理職の存在は貴重であるだけに残念だったが、前途は多難のように思えた。

「就業規則での規定や労使協定など、今後の予定はいかがですか？」

率直に尋ねた質問に、それまで流暢《りゅうちょう》だった話しぶりから一転、言いよどむ。かすかに表情が曇ったようにも見えたが、山岡さんはすぐに元の明るい面持ちに戻し、こう答えた。

「正直、簡単ではありません。人事労務担当でもない、課長の僕がどこまでできるかわかりませんが、現場の声を働き方改革に反映してもらえるよう、上司や人事部、労働組合にも呼び掛けて、何としても実現できるように頑張りたいと思っています」

「失礼ですが、どうしてそこまで働き方改革の実現に思い入れがおありなんですか？」

今度は言葉に詰まることなく、ただ少し天を仰ぐような仕草をして、呼吸を整える。

「実は……自分自身の反省、からでもあるんです。僕はいわゆる就職氷河期世代で、正社員職に就けない大学の同級生がいる中、やっとのことでこの職を得たんです。それだけに、必死に仕事を頑張らないといけないと思って、入社してから10年ぐらいは残業づけの毎日でした。お恥ずかしいですが、男性が育休（育児休業）を取るなんて全く考えられなかったし、実際に子どもは2人とも、おむつを替えたことさえありません。これではダメだと気づかせてくれたのは、数年前、当時2歳だった次男から『パパ、次いつ来るの？』と聞かれたことでした……」

これだけ働き方改革に熱意を持っている山岡さんなら、きっと実現してくれるのではないか。当時は楽観的に受け止めていた。

思い通りに進まない働き方改革

だが、思うように山岡さんの会社で働き方改革は進まなかった。19年4月からの法施行により、彼の会社も該当する大企業でまず時間外労働の上限規制が設けられ、残業は原則、月45時間、年360時間までとされた。

同年の秋、インタビューに応じてくれた山岡さんは苦虫を噛み潰《つぶ》したような顔で、取材場所のホテルの喫茶コーナーで注文したアイスコーヒーを口に運んだ。

「その後、働き方改革はどうですか?」と質問した後のことだ。その2、3分後、猫背気味だった姿勢を正して真正面に向き直り、こう話し始めた。

「ダ、メ……全くダメですね。フレックスタイム制は就業規則に盛り込まれ、労使協定も結ばれましたが、実際に運用実績はありません。短時間勤務制度は3歳未満の現行をさらに延長することはできませんでしたし、介護休業制度も同じです。つまり、法律の枠を超えて会社として特段、配慮することはできないということなんです。肝心の残業規制はというと……確かに以前に比べると時間外労働は少なくなりましたが、僕が目指している『残業ゼロ』にはほど遠いのが現実なん、です……」

努めて冷静に語っていた山岡さんは、言葉尽きたようにまた視線を外した。今日の取材はここで切り上げたほうがいいかもしれないと思い始めていた、その時、だった。

「全くダメ、だから……自分の部下に対してだけでも、長時間労働の是正、『残業ゼロ』を目指したい。何としても、実現したいんです」

そう、語気を強めて言い切った。

コロナ禍のテレワークが招く「ジタハラ」

それから1年近く過ぎた20年夏、当時41歳の山岡さんは働き方改革の旗振り役から一転、20歳代～30歳代の部下3人から、「過重な労働を強いられている」として、パワハラで訴えられるのだ。長時間労働是正のためのマネジメントのはずが、コロナ禍のテレワーク導入が影響し、逆に「ジタハラ（時短ハラスメント）」と見なされたのだという。

「ジタハラ」とは、業務の効率化や無駄な仕事を減らす事業仕分けなど、仕事量削減の具体策を示さず、上司が部下に対して、「定時で退社し、残業はするな」などと強いるハラスメントを指す。ちなみにジタハラは、18年の新語・流行語大賞にノミネートされた。ネーミングの妙も影響し、流行語として捉えられることで事の本質を見誤る危険性があるが、そのことはさておき、具体策がないままの数値上の労働時間の削減で仕事量は変わらないため、労働者は残務を自宅に持ち帰って「残業」と認められない業務をこなし、残業代は支払われないという不利益を被り、身体的、精神的な苦痛を抱える。このような深刻なハラスメントが、職場に広がっているのである。

山岡さんに話を戻すと、彼なりに自分の部署だけでもと、一人ひとりがコアとなる業務を持ちつつ、一つの業務をメインとサブの複数担当制として一人だけに負担がかからないようにしたり、特段必要のない報告書をなくすなど無駄な仕事を削減したりして、残業時間を削減しても仕事を持ち帰ることがないよう、業務の効率化に精一杯努めた。その点では、ジタハラとは大きく異なる。

そんな彼がどうして、パワハラ上司として訴えられることになってしまったのか。

「『残業ゼロ』という僕自身の目標を全社的な取り組みとして広げられなかったこと、そしてコロナ禍のテレワークでICT（情報通信技術）の活用が増えたことによる、情報共有やコミュニケーションの滞りを予測できなかったことが、大きいと思います」

業務効率化策が十分に職場に浸透する前に、コロナ禍でテレワークが導入され、部員同士の意思疎通や情報共有がうまくいかず、在宅で同じ業務を複数の部員がそうとは知らずに行っていたり、事業仕分けで削減したはずの業務をこなしていたりするなど、それぞれが大量の仕事を抱え込んで労働時間はみるみるうちに増えていったのだという。

事のいきさつを聞いたのは、大阪などで新型コロナウイルスの変異ウイルスによる新規感染者数が急増し始めた21年春。パワハラで訴えられてから半年以上が経っているとはいえ、想像していたよりも落ち着いて見え、淡々とした語り口が気になった。

「業務効率化も事業仕分けも、私の場合は管理職といっても課をマネジメントしているだけですから、一つの部署だけでは到底無理だったんです。働き方改革は全社的な取り組みが不可欠で、対面でのコミュニケーションで、メールやオンライン会議では伝わりにくい微妙なニュアンスも含めて意思疎通が図れてこそ、うまくいくのだということを思い知らされました。入社時から気にかけていた30代半ばの主任には僕の後を引き継いでくれるよう、仕事のノウハウを伝え、期待していたんですが……。あっ、は、は、は……。そうそう、『期待しているから、頑張ってくれよ』も長時間労働につながったら、パワハラ、らしいですね……」

感情を押し殺して話していたように見えた山岡さんが突如として、マスクが外れそうになるほどの作り笑顔を見せながら、パワハラを受けていると訴えた中心人物である男性社員のことに触れた。

「働き方改革はパワハラを生むだけ」

パワハラで訴えられたのは、パワハラ防止法が大企業を対象に施行されてから約２ヵ月後のこと。

それまで企画部で実績を挙げ、周囲からも部次長昇進間近と目されていた山岡さんは降格の懲戒処分を受けて管理職から外れ、その３ヵ月後、子会社へ出向となった。役職は課長職だが、給与は２割近くも下がった。パワハラ防止法施行直後、それも会社では従来にない複数の部下からの訴えということもあり、より厳格な処分を下したのではないかと、彼は見ている。パワハラで訴えた先導者だった男性社員は、山岡さんが子会社に出向すると同時に、課長に昇進したらしい。

「正直、情けないですが、妻と子どもたちのためにも仕事を辞めるわけにはいかないんです」とやるせない心境を明かした。

そして、働き方改革とパワハラについて語ってくれた。

「長時間労働是正や柔軟な働き方を進めるといっても、会社としてはやっていますよ、という対外的な企業イメージを保つために多少の対策を講じるだけで、抜本的な改革には手を出せないままなんです。上司も会社も、ずっと信頼してきたのに、無念でなりません。労働時間を減らしても生産性を落とさない、経営も悪化させない対策を示せていない、いえ対策を考えようともしない企業がどれだけ多いことか……。働き方改革なんて絵に描いた餅で、パワハラを生むだけなんじゃないかと思います。当事者である僕がいうのも変かもしれませんが……」

もはや怒りでも、苦悩でもない。何かを憐《あわ》れむような面持ちに見えた。あなたのような人物が本来、働き方改革を率先していくべきなのでは——。そう言いかけて、思わず言葉を飲み込んだ。

3 〝偽パワハラ〟で部下に追い落とされる

部下の残業を背負って過労休職

2019年初夏、流通大手で商品開発部門の部長を務めていた佐々木《ささき》崇《たかし》さん（仮名、当時50歳）は、関東にあるオフィスへと向かう通勤電車内で、いつものように立ったままビジネス書を読んでいた。すると急速に文字がぼやけて浮き上がってくるように見える。かすみ目かと思い、つり革をつかんでいた右手の指先で目頭を押さえようとしたところ、一気にバランスを崩して車内の床にくずおれてしまった。倒れた直後、意識はあり、周囲の乗客が駆け寄り、「大丈夫ですか」などと声を掛け、座席を空けて体を横にさせてくれたことまではっきりと覚えている。次第に体が上下左右に小刻みに震え出したかと思うと、ジェットコースターの急降下のように体が瞬時にふわっと浮き上がり――。数時間後、目を覚ました時は病院のベッドの上だった。

佐々木さんは過労で倒れたのだ。時間外労働の上限規制が大企業で導入されてから2ヵ月後のことだった。

「営業や商品開発など外回りの多い仕事を経験してきて、体力には自信がありました。過労で倒れたのは初めてです。自分でも気づかないほど、仕事の疲れが心身ともにたまっていたんですね。部長としていろんな業務を背負い込んでしまったもので……」

インタビューに応じてくれたのは、過労で倒れてから数ヵ月過ぎた19年冬。その後の予期せぬ展開も含め、心の傷が癒えているはずがない。だが、感情を抑えて続ける。

「残業時間を削減しても生産性を落とさないための業務効率化や労働力確保などの対策が何

も取られないなかで、法律の施行を契機に、経営陣から『残業をさせるな』という命が下って……。現状のままでは定時で終わらない仕事量を自宅でこなさなければならず、一方で残業代は支払われないという働き方改革の〝犠牲者〟に部下たちはなってしまいます。だから……まあー、それじゃあ、私が、やるしかない、と……」

この語りの最後を絞り出すように言い切ると、取材場所のカフェレストランで注文したホットコーヒーには目もくれず、一度も口を付けていなかった水を一気に飲み干した。

佐々木さんは部下たちに残業をさせない代わりに、定時ではとても終わり切らない多数の雑務を自分がすべて引き受けていたという。そう彼の口から聞いた時は、実際にどのように業務をこなしていたのか、とても想像がつかなかった。

とてつもない仕事量を彼は、平日の残業はもとより、休日に出社して処理していたのだ。2ヵ月休みなく続けた結果、通勤途中に過労で倒れて救急車で病院に搬送され、数日間入院することに。退院後、点滴・投薬治療をしながら出社したいと強く主張したが、会社はそれを認めず、自宅静養・通院加療のため、2週間休職した。

復職日にパワハラで懲戒処分

真の苦悩の始まりは、職場復帰してからだった。

「パワハラ、って……だれが、ですか？」佐々木さんは、思わずそう聞き返した。

職場に復帰した日の朝、産業保健スタッフを束ねる健康管理室で、産業医と面談し、保健師から今後の健康管理についてアドバイスを受けた後、上司にあたる事業本部長に復職を報告しに行った時だった。若手社員の時から下につくことが多く、熱血漢で部下思いの理想の上司として、長年慕ってきた事業本部長は無表情のまま何も言葉を発しない。代わりに、事業本部長室のソファーの隣に座る、入社年次が2期下の人事部長が、平坦《へいたん》な声で説明し始めた。

「パワハラ事案として認められましたので、元の職場に戻っていただくことはできなくなりました……」

佐々木さんの休職中、部下の30歳代前半の男性社員が、人事部に佐々木さんからパワハラを受けたと訴えたのだという。

人事部長が説明した、部下の男性の訴えはこうだ。前年度末の3月に人事考課制度の今年度上半期の目標を一次考課者の課長と話し合い、二次考課者である部長の佐々木さんも了承のうえで設定した。ところが、実際には4月以降、佐々木さんから定時で退社するよう強要され、自宅での業務も禁止されたため、過小な業務しかこなすことができなくなり、上半期末は設定した目標には到底及ばない結果で終わることは間違いない。これは、「業務上の合理性がなく、自分の能力や経験とはかけ離れた程度の低い仕事を命じる『過小な要求』のパワハラにあたる」と痛烈に非難したのだという。

佐々木さんは「パワハラは決して行っていない」「目標が達成できないのは過小な要求ではなく、本人の勤務態度や能力の問題」と主張した。が、彼の言い分を詳しく聴取することもなく、復職したその日に戒告の懲戒処分が言い渡され、人事部付きへの異動を命じられた。部長待遇という肩書は与えられたものの、処分から半年近く経過した19年冬の取材時点でもまだ人事部付きのままで、本人によると、もうラインの部長職に戻れる可能性はないという。

「パワハラと処分を言い渡された時は、過労で倒れた時以上に体が浮き上がるような感覚に襲われ、さらにそれをどこからか俯瞰《ふかん》して見ている自分がいて……まるでドラマの世界に迷い込んでしまったみたいでした。いまだに、自分の身に起こった不運な出来事の全体像を把握できていないというか……心もとないですが……。ただ一つだけ、自信を持って、言えるのは……そのー、私は……。あっ、すみません」

徐々に消え入るような声になって、言葉に詰まる。

「〝偽パワハラ〟の罠にはまった」

ずっとこらえていた感情の表出をもはや制御し切れなくなったのか。姿勢は変えず、わずかの間、瞳を閉じる。数秒後に目を見開き、こうはっきりとした口調で訴えた。

「私は虚偽のパワハラ、つまり〝偽パワハラ〟で部下に追い落とされた。罠にはまったのです」――。

その冬は記録的な暖冬で外出していてもそれほど寒さを体感することがなかったのだが、彼の言葉を聞いた途端に背筋に冷たいものが走ったのを、昨日のことのように覚えている。

「〝偽パワハラ〟とはどういうことですか？　つらいことを思い出させてしまうようで申し訳ないのですが、教えてもらえませんでしょうか」

「ええ、もちろん……そのために今日、こうしてお目にかかっているのですから……」

佐々木さんは次第に頬を紅潮させていく。それが部下による〝偽パワハラ〟であったと告白して初めて、感情を露わにしたのだ。そしてこう続けた。

「私からパワハラを受けたと訴えた部下は２年ほど前、就業規則で認められていない副業をしていたことがわかりました。個人でネット通販を行っていたんです。厳しく指導して副業を辞めさせたうえで不問に付したのですが、その後もたびたび、怠惰な仕事ぶりが目についたので、直接、本人に注意はしてきたんですが……。もしかすると、私に就業規則違反の副業をしていた事実をバラされるとでも思ったのか、度重なる指導を根に持っていた、のでしょうか……。彼のため、を思ってのこと、だったのに……そんな、なんで、バ、カ、な……」

いつしか、嗚咽していた。

組織依存やめ、自己の存在を見失わない

コロナ「第3波」が認識され始めた20年晩秋、佐々木さんは51歳にしての一大決心をオンラインでのインタビューで打ち明けてくれた。

以前はこめかみだけだった白髪が増えて全体をグレーに染めていたが、会うなり「五十肩がひどくて困ったもんです。奥田さんは大丈夫ですか、あっ、いけない、セクハラになりますね。はっ、は、は……」と明るい表情で接してくれた。自ら「ハラスメント」の言葉が出てくるあたり、ある程度、吹っ切れたということなのだろうか。

コロナ禍のことなど雑談を交わしながら、どう切り出すか考えあぐねていた、その時だった。佐々木さんのほうからこう話し始めた。

「もう組織に依存するのはやめよう、と思いましてね。今、資格取得のために久しぶりに勉強に没頭しているんです。あの〝偽パワハラ〟で訴えられた事件ではとても悔しい思いをしましたが、それ以上に、長年会社に忠誠を誓い、上司に絶対服従し、己を押し殺して懸命に働いてきた結果が……会社にも上司にも裏切られたことのほうがつらくて仕方なかった。組織への囚《とら》われから解放されたいと思えたのは、コロナで世の中が大変なことになって、命の大切さや働くことの意味、そして会社との関係について、じっくりと考えることができたためかもしれません」

９ヵ月もの間、人事部付きでろくな仕事を与えてもらえない状態を経て、現在はコールセンターの管理部門に部長待遇のまま所属している。

「商品開発部時代と違い、定時で帰れますし、空いた時間を利用して今、キャリアコンサルタントの資格取得を目指しているんです。働くことで悩んでいる人の力になれないかと。国家試験に受かったら、転職活動を始めるつもりです。この年齢だと再就職は難しいと思いますし、私のようないろんな部署を経験してきたジェネラリストは、また組織に所属するしかないわけですが……今度は少しでも自分個人としての存在意義を見失わないでいたいと思っているんです。家内が理解してくれていることには感謝しています。子どもたちが高校生になった数年前からパートで働いていたんですが、私が過労で倒れて以降、契約社員になって家計を助けてくれているんですよ」

そう話し終えると、佐々木さんはこれまでの取材で最も穏やかな表情を見せた。

4　若手社員からの〝逆パワハラ〟で会社も敵に

労働環境改善は「腕の見せどころ」

働き方改革に向けて政府が本格的に動き出した2015年、東京に本社のある電子部品メーカーで人事部次長を務める野村裕一《のむらゆういち》さん（仮名、当時48歳）はこう力説した。

「10年ほど前に安倍さん（首相）が提唱しながら立ち消えとなった〝労働ビッグバン〟が今、ようやく日の目を見ようとしているんです。こんな重要な時期に人事部で労働環境の改善に取り組めるのはとてもやりがいのあることです。普段はバックオフィスとして地味な人事ですが、現場の声を十分にくみ取りながら頑張っていきたいと考えています。これから残業時間の上限規制や正社員と非正規雇用労働者の待遇差の禁止なども法制化に向けて議論されるようですし、腕の見せどころですね」

野村さんはここまで話すと、自分自身にも言い聞かせるかのように、軽くうなずく仕草をした。食品メーカーで人事労務畑を歩み、現在の会社に勤める大学時代の友人の推薦もあり、3年前にヘッドハンティングされた。それだけに、意気込みは相当なものだった。表情が豊かというわけでも、身振り手振りが大きいというわけでもない。冷静沈着に視線をほとんどそらすことなく語りながら、銀縁メガネの奥で鋭い眼光を放っていたのが印象的だった。

「机上プラン」という現場からの声

翌16年からは女性活躍推進法に基づき、従業員301人以上の大企業に女性の管理職比率の数値目標などを盛り込んだ行動計画の策定・公表が義務付けられ、さらに19年には働き方改革関連法の施行が順次、始まった。

19年秋、前年に部長に昇進していた野村さんを訪ねると、以前、「腕の見せどころ」と意欲を見せていた労働環境改善や女性登用の進捗は思わしくないという。

「やはり、『現場をわかっていない机上プラン』なんでしょうか……」

いつもとどこか違う。視線を外すことが多く、右膝が上下に揺れている。

「どういうことなのでしょうか？」

「えっ、いや……花形の営業さんや技術屋さんからそう、言われてしまいましてね。あなたはこの会社を、現場を、まだ理解できていないと……。人事が旗振り役となって真剣に取り組めば、現場も理解してくれてうまく計画を進めていけると思っていたんですが、一筋縄ではいかないものですね」

新たな取り組みを実現していくには一定の時間がかかる。長時間労働是正など働き方改革はまだ始まったばかりだ。それにしては、野村さんの様子は腑《ふ》に落ちなかった。苦悶《くもん》の表情を浮かべていたからだ。

「どちらの会社も、人事労務部門の方々は苦労されているのではないでしょうか」

「……そ、そう、ですね……」

「失礼ですが、何かほかに懸案材料でも抱えておられるのでしょうか？」

野村さんの眉間に一瞬、しわが寄る。

「いや、別にありませんよ」と、何かを悟られるのを避けるかのように即座に打ち消した。

怠惰な部下からの〝逆パワハラ〟

その後、取材を申し込んでも多忙を理由に断られ続け、野村さんの苦悩の根源が何なのか、わからないまま時は流れ、新型コロナウイルスの感染拡大という非常事態を迎える。「お話ししてもいいですよ」というメールが届いたのは20年冬。取材場所はJR大阪駅前を指定された。その時はてっきり出張だと思い込んでいた。

ホテルの喫茶室で約1年ぶりに再会した野村さんは、ハイネックセーターにスラックスの服装。額にはまるで彫刻刀で彫ったようなくっきりとした横じわ、目のクマが目立ち、マスクをしていても心労を重ねてきたことがうかがえた。違和感を抱いているのを察知したかのように、彼が口火を切る。

「実は……パワハラでドタバタしていたもので……」

「ああー、パワハラ防止対策が義務付けられてからまだ半年ですものね」

「いえ、そのー、パワハラの当事者に、なってしまいまして……」

「………」予想外の返答に一瞬、言葉を失う。そしてこの時点で咄嗟《とっさ》に思い描いたのは、「加害者」としての野村さんだった。だが、それは大きな間違いだった。

「パワハラを受けたんです……部下、から……」

そこまで話すと、口をすぼめて息をはいた。

部長である野村さんに、職場で自分よりも「下位」にある者からの嫌がらせ、つまり〝逆パワハラ〟を行ったのは、入社3年目で総務部から19年春に異動してきた営業志望の男性社員。採用担当になったが、移ってきた当初から、学生の誘導役を任されていた採用試験当日に遅刻するなど勤務態度が悪く、課長に指導の徹底を指示していたが、改まる様子は見られなかった。たまたま廊下ですれ違った時に直接、「しっかりしないと、いつまで経っても営業には異動できないぞ」と声を掛けた途端、男性部下は無表情のまま、視線を合わせず、言葉も発せず、その場から走り去った。その出来事が〝逆パワハラ〟の予兆であったことに本人が気づくのは、数ヵ月後のことだ。

共に闘った役員は今や〝敵〟

それからも男性部下は野村さんを無視し続ける。会社説明会で他に替われる人材がいない業務を無断欠勤したり、採用試験の上位選考に進む一人ひとりに連絡を入れる重要な業務を拒否したりと、勤務態度はさらに悪化していった。

極めつけは、新型コロナウイルス感染拡大に伴う初回の緊急事態宣言が出された20年春、社員の大半が在宅勤務を余儀なくされている約1ヵ月の間に、ツイッターに書き込んだ虚偽の事実や悪口だった。オンライン会議やメールでのやりとりなどは素知らぬ様子でこなしつつ、野村さんについて「派遣スタッフの女性にセクハラをしている」「ITもろくに扱えない無能な部長」などとツイッターへの書き込みを繰り返したのだ。通称〝裏垢《あか》〟（裏アカウント）と呼ばれる、自身が持つ本来のアカウントとは別に秘密裡《り》に設けた匿名アカウントでの行為だった。が、やがて人事部内だけでなく、全社的にその悪行が知れ渡ることになる。

一般的に、ITスキルなど部下のほうが上司よりも業務上必要な知識や経験を備えている場合に、〝逆パワハラ〟が起きる傾向にあるが、野村さんのケースでは彼の厚意を無下にしたうえに、弱みを握られたと捉えて逆恨みした部下からの悪質な嫌がらせにほかならない。

この流れからすると、野村さんは会社側から同情されこそすれ、非難される筋合いはない。しかしながら、現実は違った。

「『バブル世代は無能』などと揶揄《やゆ》されながらも必死に頑張り、共に闘ってきた執行役員がいきなり、〝敵〟側に回ってしまったんです」

メガネの奥の瞳が、ほんの少し潤んでいるように見えた。かつて見せた鋭い眼光とは対照的だった。

当初、同情的だった上司・経営陣だったが、ある出来事をきっかけに情勢は一変する。その部下の社員が、野村さんから過重労働を強いられ、心身ともに疲弊《ひへい》したとして、「うつ病」の診断書を提出して休職したのだ。

「健康経営を対外的にアピールしていかないといけないこのご時世、『メンタル不調を武器にされたら、ぐうの音も出ないんだよ』。そう彼は言った。そ、それ、で……私のキャリアは、もう、『上がり』です……」

言いよどみ、目線が取材場所の喫茶室のテーブルの上を浮遊する。

その執行役員とは、学生時代の同級生で野村さんの腕を見込んで、今の会社に誘ってくれた友人のことだった。野村さんは部下の健康配慮義務を怠ったなどとして責任を問われ、始末書を提出。20年夏、関西の工場の事務部部長に異動になった。実質的な左遷だった。

「変化を認めたくなかった……」

野村さんは今、工場勤務を続けながら転職活動中だ。21年の年明け早々から転職エージェントに登録し、人事のプロフェッショナルとしての経験、スキルをアピールしているが、この数ヵ月、求人企業からのスカウトは皆無なうえ、応募して面接まで進めた企業は一社もない。アドバイザーによるキャリアカウンセリングを受けるなかで重要なことに気づいたと、21年春のインタビューで明かしてくれた。

「確かに人事ひと筋での経験は、この50代前半という年齢のハンデを多少はカバーできるかもしれませんが……管理職としての能力、特に部下を育成し、適正に評価していくという面では不十分だったと痛感しているんです。あの問題の部下とも、とことん向き合うべきだった。実は……部長ともあろう人間が20代半ばの新米社員からの嫌がらせ、いじめに遭っていることを恥じて、その事実を認めたくなくて、上司に報告できずにいた。野放しにしたことで、ツイッターでの誹謗中傷《ひぼう》にまで発展したようにも思うんです」

なぜ、〝逆パワハラ〟の事実を認めるまでに時間がかかってしまったのか。

「変化を認めたくなかったのだと思います。部下は上司に否応《いやおう》なく従う、という考えで同期の多いバブル世代の中で管理職まで勝ち抜いてきましたから……。でも今の若手社員は仕事よりもプライベートを重視するし、打たれ弱く、きつく指導されるなど嫌なことがあるとすぐ逃げ出そうとする。そんな部下を相手にしたら、過去の上司・部下関係の価値観は全く通用しませんよね。まず部下の変化を受け入れたうえで、それに見合った向き合い方が必要だったのではないかと……。では、具体的にどうすれば良いのかとなると、いまだに答えは見つかっていないんですけれど……」

工場事務部への異動を契機に単身赴任中で、離れて暮らす妻は定年まで今の会社に勤めることを強く求めているという。

「固定観念に囚われない、若手社員との新たな関係をキャリア人生の最後に経験してみたいんです」

妻の反対を押し切ってまで転職を希望する理由を尋ねると、メガネの真ん中を右手中指で上げながら、間髪を容れずにそう答えた。

5 「男社会」の価値観が誘発するパワハラ

巷に溢れる〝無自覚パワハラ〟

全国の都道府県労働局などに寄せられた民事上の個別労働紛争の相談のうち、「いじめ・嫌がらせ」に関する相談件数は、2019年度は8万7570件と前年度（8万2797件）から5・8％増加して8年連続トップで、10年前の09年度（3万5759件）に比べ2・4倍に増えている（厚生労働省「令和元年度・平成30年度 個別労働紛争解決制度の施

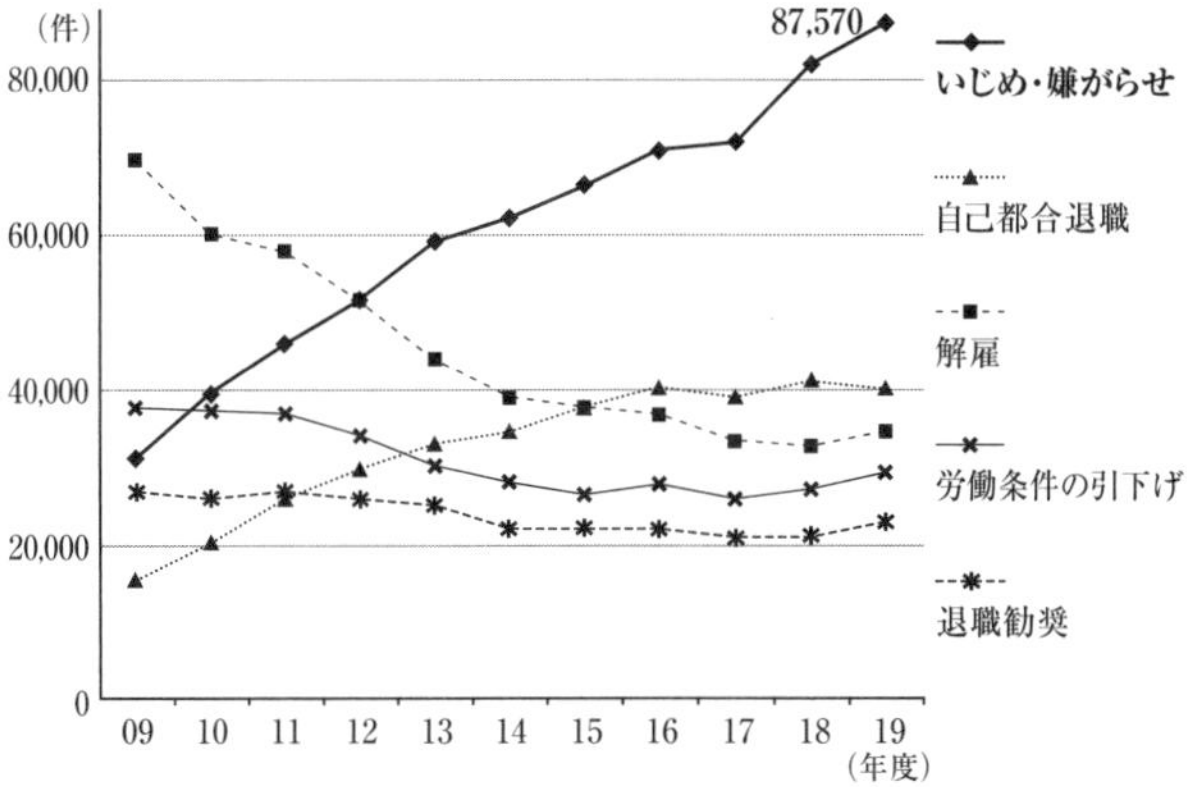

図1　民事上の個別労働紛争 主な相談内容別の件数推移

出典：厚生労働省「令和元年度・平成30年度 個別労働紛争解決制度の施行状況」

行状況」）（図１）。

また、厚生労働省が16年度に実施した調査（全国の20～64歳の民間企業に勤める労働者１万人対象）では、過去３年間に「パワハラを受けたことがある」と回答した人は32・５％に上り、前回12年度の調査（25・３％）から７・２ポイント上昇した（「職場のパワーハラスメントに関する実態調査」）。

一方で、メディア報道の増加やＳＮＳなどソーシャル・メディアによる〝拡散〟も相まって、情報の受け手であるオーディエンスが全容を理解する前に知ったつもりになり、「パワハラ」というキャッチーなカタカナ表記の言葉が、本来の深刻な意味を離れ、独り歩きしてしまっている感も否めない。

パワハラやセクハラなどハラスメントの起きやすい職場はモラルが低下し、不正が起きやすい土壌にあるといえるだろう。しかしながら、それぞれのパワハラ事案について、企業風土との関連だけで片付けてしまうと事の本質を見誤る。

なぜなら、パワハラが起きる背景には、古くは１９９０年代後半以降、日本企業に普及し、職務の個人化や人間関係の希薄化をもたらした成果主義人事制度に始まり、事例でも紹介した近年の働き方改革やコロナ禍でのＩＣＴの積極活用など、その時々の労働環境の変容が密接に関わっているからだ。さらに管理職世代とは異なる若手社員の気質、仕事に対する考え方により、従来にはない上司・部下関係の構築も迫られている。こうした変化のなかで、数々のタスクを課せられた管理職の役割はますます重くなり、負担は増すばかりだ。

〝無自覚パワハラ〟のケースは巷《ちまた》に溢《あふ》れている。本章の事例で紹介したように、いくら「部下の成長を願って」の熱血指導であっても、自身が若手時代に厳しくしごかれて成長できたという過去の成功体験に執着し、それを今の職場に無批判に採用してしまってはパワハラと見なされ、元も子もない。長時間労働是正を厳格に進めたために、コロナ禍のＩＣＴを活用した働き方が及ぼす影響を予測し切れず、ジタハラを招いてしまったケース、ハラスメントの認識が甘かったために部下から虚偽のパワハラで訴えられたケースまであった。

コロナ禍のテレワークは業務の効率化というメリットがある一方で、ICTを用いたコミュニケーションでは相手の気持ちや考えを読み取りにくく、〝無自覚パワハラ〟の増加に拍車をかけることにもなった。

そして、当事者が語った通り、パワハラはハラスメントの中でもグレーゾーンが多い。すなわち、業務上の指導や注意との境界線が曖昧なため、マニュアルを頭に叩《たた》き込んだからといって、うまくパワハラを避けられるという単純なものではないのだ。

部下からの嫌がらせもパワハラ

パワハラ防止法に基づく「パワーハラスメント防止のための指針」（パワハラ防止指針）によると、パワハラとは職場において行われる①優越的な関係を背景とした言動であって、②業務上必要かつ相当な範囲を超えたものにより、③労働者の就業環境が害されるもの——の三つの要素を満たすものと定義している。

パワハラの行為者と被害者の関係性については、パワハラ防止指針では、「優越的な関係」について、職務上の地位が上位の者による行為だけでなく、同僚や部下による行為であっても、「業務上必要な知識や豊富な経験を有し」、その同僚や部下の「協力を得なければ業務の

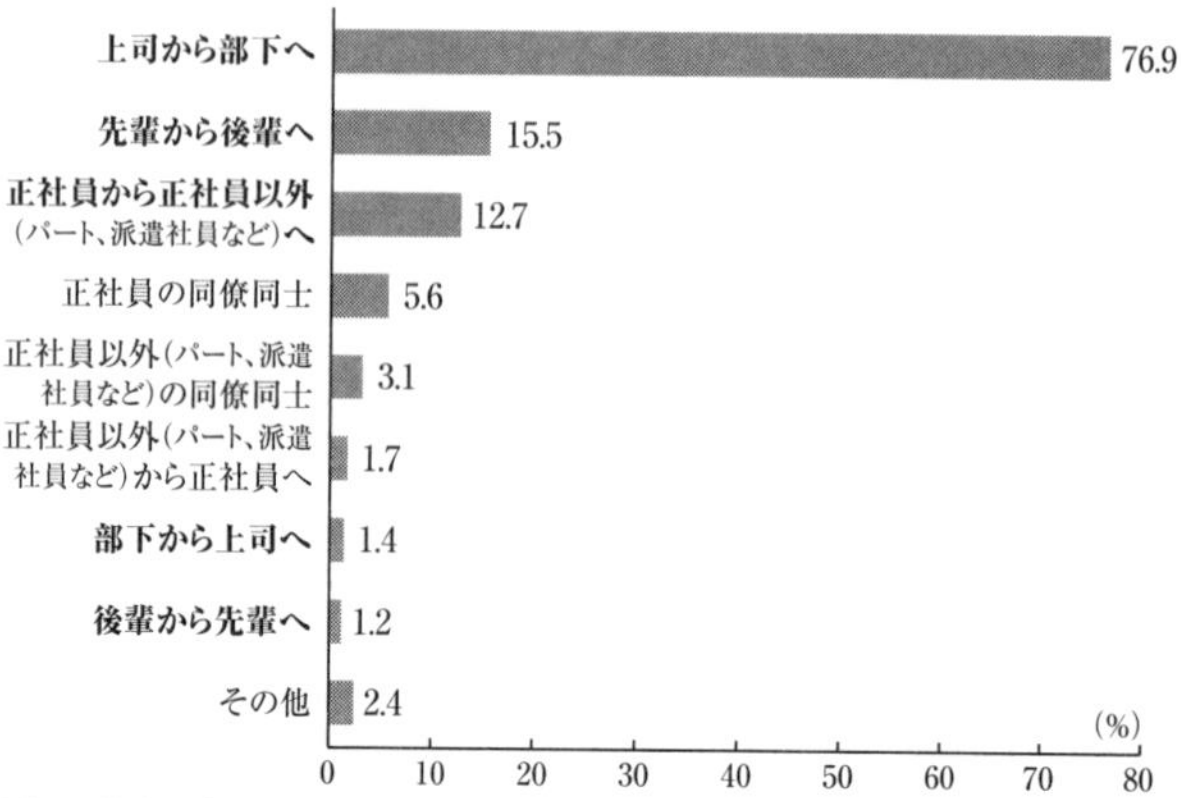

図2　過去3年間にパワハラを受けた人と行為者との関係（複数回答可）

出典：厚生労働省「職場のパワーハラスメントに関する実態調査」（2016年度）

円滑な遂行を行うことが困難」である場合は、パワハラに該当するとしている。

つまり、事例にもあったように、職務上の地位が「下位」にある部下が故意に、必要不可欠な職務を行わずに部署全体の職務を停滞させるというケースもパワハラにあたるのだ。

先述の厚生労働省のパワハラ実態調査（16年度実施）から、過去3年間にパワハラを受けたと回答した人と行為者との関係性（複数回答可）を見ると、「上司から部下へ」が76・9％と最多で、次に「先輩から後輩へ」（15・5％）、「正社員から正社員以外（パート、派遣社員など）へ」（12・7％）と続き、職場で優位にある者が劣位にある者に対して行っているケースが上位を占めた。一方で、「部下から上司へ」

が１・４％、「後輩から先輩へ」が１・２％と、劣位にある者から優位にある者への逆のパターンも、わずかながら存在したことは見逃せない（図２）。

例えば、コロナ禍を機にＩＣＴの積極活用が進んだことで、世代的にもＩＴ技術に長《た》けた部下のほうがそれに疎い上司よりも、「業務上必要な知識」を蓄えていることになり、パワハラの行為者になるケースが今後増えていくことも予想される。

本書ではわかりやすくするため、部下からのハラスメント行為を〝逆パワハラ〟と表現したが、必ずしも部下が上司よりも優れたスキルや経験を備えていなくとも、部下からの巧妙、かつ悪質な嫌がらせが増加し始めていることを取材から実感した。

近年、部下が「うつ病」などメンタルヘルス不調の診断書を会社に提出して休職する直前、またはその休職から復職した直後などに、上司からパワハラを受けたと訴えるケースが増えている。典型的な〝無自覚パワハラ〟の横川さんと、部下からの嫌がらせに遭って左遷された野村さんのケースが該当する。

筆者は過重労働など職場の問題が、心の病という労働者個人の問題にすり替えられた結果、医学的な診断基準には該当しない病気未満の抑うつ気分などで休職する労働者が増加している現象を「社会的うつ」と定義づけし、労働問題の医療化を批判してきた（奥田『社会的うつ・うつ病休職者はなぜ増加しているのか』２０２０）。医療化とは、医療的問題ではなかった事象が病気とされ、診断や治療の対象となっていくことを指す。休職によるキャリアの中断など、「社会的うつ」の労働者が労働問題の被害者であるのに対し、部下から嫌がらせを受けた野村さんの事例では、うつ病休職がパワハラの加害者である部下に巧妙に利用された可能性が高い。つまり、労働者自らが故意に〝病人〟を演じ、医療化に加担するという現象も確認できた。

そうして、中年の男性管理職の心にいまなお根強く存在するのが、滅私奉公、上司の指示には絶対服従といった、多様性や分権化が求められる現代社会ではもはや通用しない、男性主導の画一的で権威主義的、排他的な価値観である。そうした「男社会」の固定観念、論理が、〝無自覚パワハラ〟を誘発しているのである。その背後には、パワハラへの認識が不十分なだけでなく、部下の考えや気持ちを理解しようともせず、自身の行動規範や価値観に基づいて物事の是非や成否を決めつけたり、理想を押しつけたりするアンコンシャス・バイアス（無意識の偏見・思い込み）が必ずといっていいほど存在する。

旧態依然とした考え方が機能しないのは、若い世代の部下に対してだけではない。いったんパワハラや管理監督責任を問われて問題が表面化すると、肝心の会社でさえ、かつては自明の事実だった組織のしきたりはなかったことにして、〝敵〟に回ってしまうのは事例で見てきた通りだ。

なぜ、男たちは劣化した「男社会」にそれほどまでに囚われ、また部下とのコミュニケーション・ギャップを克服できず、〝無自覚パワハラ〟に及んでしまうのだろうか。最終章の第5章で詳しく述べたい。

第2章

セクハラという「聖域」

1 「活躍」女性からの不意打ち

古くて新しいハラスメント

パワハラ防止法の施行に合わせ、性的嫌がらせであるセクシュアルハラスメント（セクハラ）対策も強化され、労働者の責務として、他の労働者に対する言動に注意を払うよう努めることが明確化されたほか、事業主にセクハラに関して相談した労働者に対して不利益な取り扱いを行うことが禁止された。

「何を今さら……」と、思う方もいるかもしれない。1999年に施行された改正男女雇用機会均等法で女性労働者に対するセクハラ防止のための配慮が事業主に義務付けされて以降、2007年からは事業主の措置義務として厳格化されたうえに、男性労働者にもセクハラ対象が広げられ、14年には同性間の言動も該当するという改正指針が施行されるなど、手を替え品を替え、セクハラ防止対策は強化されてきた。

しかしながら、職場でのセクハラはいっこうに収まらないどころか、その状況や内容はますます多様化、複雑化している。そんな古くて新しいハラスメントがセクハラなのである。

旧来の男性上司から女性部下への典型的なパターンにおいても、子育てしながら働く女性の増加により、マタニティハラスメント（マタハラ）という新たなハラスメントが生まれるなど、事例は一様ではない。一方、男性の子育てへの意識の高まりや、女性の管理職が少しずつながら増えていることにより、男性上司から男性部下へのパタニティハラスメント（パタハラ）、女性上司から男性部下へのセクハラなど、かつては想定していなかったケースも起きている。

管理職への道を進むチャンスを与えた女性から、全く予期していなかった〝仕打ち〟を受けることになった事例や、女性部下の成長を期待するあまり、マタハラ行為に及んでしまった事例もある。また、ある管理職男性は、男性部下のキャリアを考慮した助言が思いもよらぬ事態を招いてしまった。

男たちはどのようにして、セクハラという「聖域」に踏み込んでしまうのか。

「まさか、この私が……」

まだそれが新型コロナウイルスと判明する以前、原因不明のウイルス性肺炎として、患者が中国・湖北省武漢市で相次いでいるとだけ報道されていた20年の年初、大阪の総合建設会社（ゼネコン）で施工管理部長を務める、斎藤誠《さいとうまこと》さん（仮名、当時54歳）は、取材場所の貸会議室の前方の白い壁の一点を穴が開くほど凝視したかと思うと、視線を戻し、ゆっくりとした口調でこう話し始めた。

「男社会の中で、隅に追いやることなく、目をかけて指導してきたのです。そのお陰で、着実に能力を身につけて成果を挙げていきました。そんな一生懸命に頑張ってきた女性部下のことを、高く評価して……そう、評価した、からこそ、千載一遇の大きなチャンスも与えて、やった、のです。そ、それ、なのに……まさか、この私が、セクハラ、だなんて……。不意打ち、を、食らい、ま、し、た……」

強く憤っていた斎藤さんはいつしか、肩を震わせながらむせび泣いていた。

長い歴史も、後を絶たない問題

男性たちを数多インタビューしてきて、通常、人前では激しい情動を抑える傾向の強い男の涙を目にすることはそう珍しいことではない。継続取材の期間が長いほど、遭遇する機会は多い。ただ、斎藤さんのケースは違った。この15年近くに及ぶ取材では常に冷静沈着で、わずかの間顔色が変わることはあっても、総じてポーカーフェイスで決めてきた彼の、初めての明確な感情表現だった。

セクハラの歴史は長い。セクシュアルハラスメントという言葉が登場したのは、今から約30年前。1989年に日本で初めて職場でのセクハラを争う裁判が起こされ、世間に知られるようになった。それだけに中年の男性管理職は、セクハラがどれだけ己の立場を脅かし兼ねない重大な問題であるかを心得てきたはずだ。にもかかわらず、セクハラ事案は今も後を絶たず、斎藤さんのように、突然の女性部下からのセクハラ告発に怒り心頭に発し、そして悲嘆に暮れるケースは少なくないのである。

「不意打ち」――。斎藤さんはすでに嗚咽し、言いよどみながらも、この言葉だけは語気を強めた。彼にとって、それが何を意味し、どれだけの重みがあるのか。これまでの軌跡をたどることで鮮明にしたい。

「男企業」で女性を管理職に

06年の初夏、施工管理部の課長だった当時40歳の斎藤さんは、職場における女性登用について、こう持論を展開した。

「うちの会社では正社員の男女比率で女性は1割で、総合職は少なく、さらに技術系はゼロです。女性は総合職採用で能力があっても責任のある仕事を任せてもらえていないのが実情で、管理職はいません。採用試験の段階で女性は男性よりも成績が優秀なので、男性には下駄を履かせて多く採用しています。うちのような『男企業』では程度の差こそあれ、どこもやっていることだと思います。女性はコミュニケーション能力に優れていて、仕事の飲み込みも早い。もっと女性社員にチャンスを与えて有効活用すべきで、将来的には管理職にも積極的に登用していくべきだと考えています。国だって、20年に30％まで増やすと大きなことを言っているわけですから」

合いの手を入れる間がないほど整然と話し続けていた斎藤さんは、ここでようやく深く息を吸った。表情もジェスチャーも控えめだが、話す内容は当時の社会情勢、さらに本人が言うように「男企業」での女性登用に関する考え方としては先進的なものだった。それだけに、聞いていくうちに吸い込まれ、取材ノートに書き留める手が一瞬、止まったほどだったのを思い出す。

女性登用によるセクハラ被害を懸念

女性管理職比率は19年度で11・9％（民間企業の課長相当職以上。厚生労働省の令和元年度「雇用均等基本調査」）と思うように進んでいない。20年までに指導的地位に女性が占める割合を「少なくとも30％程度」に増やすという政府目標は、20年12月に閣議決定された「第5次男女共同参画基本計画」で、「20年代の可能な限り早期」の実現に達成時期が先送りとなった。この一定数を女性に割り当てて起用するクオータ制と呼ばれるポジティブ・アクション（積極的差別是正措置）の数値目標が設定されたのは小泉内閣時代の03年までさかのぼるが、06年の取材当時、社会に浸透していたとはいえない。

それにもかかわらず、斎藤さんは女性管理職比率の目標を認識しており、国の政策や企業の実態、その中で自身の会社はどの程度の位置づけにあるのかなど、さまざまな情報を仕入れ、真剣に女性登用の推進に向けて考えているのがうかがえた。

ただ、斎藤さんが所属する施工管理部では管理職以前に、女性の現場監督（施工管理者）さえ生まれていなかった。

「女性現場監督の誕生が待ち遠しいです」当時筆者が勤めていた新聞社と同じ男女構成の企業の話を聞いているうちに、思わず口にしてしまう。すると、待ってました、とばかりに彼はこう続けた。

「もちろんです。われわれゼネコンの施工管理や設計部門では、女性を管理職に登用するなど活躍の機会を与えるとなると、現場監督を経験しなければなりません。ただ……施工主や工事業者さんとうまく関係を築いていくのは、女性社員にとって並大抵のことではないと予測しています。そのー、男社会にいきなり女性が登場するとなると、セクハラ、的なこともあると思いますし……。いえ、先方にそのつもりはなくても、女性社員側がそう感じることも出てくるのではないかと……。女性の活躍を阻む大きな懸念材料です」

女性の積極活用によるセクハラ被害の可能性まで考慮していた人物が、長い時の流れを経て、それが己に降りかかる問題になるとは夢にも思わなかったに違いない。

やっと巡ってきた好機

人々が日常生活において、実際に女性管理職登用の機運の高まりを感じ始めたのは、第2次安倍内閣が成長戦略の中で「女性が輝く日本」に向けた政策として、待機児童の解消や女性の職場復帰・再就職支援、そして女性役員・管理職を増やすことなどを掲げた13年頃からだったのではないだろうか。

斎藤さんにはこの間も定期的にインタビューを重ねていたが、課長から部次長、そして部長へと昇進するのと比例するように、女性登用に向けていっこうに重い腰を上げようとしない社の幹部への苛立《いら》ちが増していくのが手に取るようにわかった。

そんな斎藤さんに好機が訪れたのは16年。女性活躍推進法が全面施行され、女性の管理職比率の数値目標などを盛り込んだ行動計画の策定・公表の義務付けが従業員301人以上の大企業で始まった時だった。

同年春、当時50歳で、約1年前に施工管理部長に昇進していた斎藤さんに、通勤で利用している大阪市内の基幹駅近くの喫茶店で話を聞いた。いつもは淡々とした表情で語る彼にしては珍しく、歯がはっきりと見えるほど口角を上げ、少しではあるもののポジティブな感情を表出しながらこう説明した。

「やっと、会社が女性登用に本腰を入れ始めたんです。まあ、実のところは、自主的にというのではなく、法律ができて国が旗振り役をしているから、しょうがなく動き出した、というのが正しいですが……。でも長い間、景気低迷や女性の人材育成の難しさなどを理由に理解を示そうとしない上層部に頭を痛めてきた私としては、お上《かみ》に尻をたたかれてのことであってもいい。すでにスタートし、後戻りはできませんからね」

この10年、社の花形部門の管理職として、上司ばかりか、経営陣にまで、女性総合職の積極採用や現場監督など技術職の人材育成、そして管理職登用と、女性登用を進言してきた苦労が実を結びつつあることへの喜びを噛みしめているようだった。

凛とした女性部下との対面

そして、これからの女性登用のプランについて、いつになく強い口調で語った。

「まず、施工管理、設計など女性の技術系総合職を採用時から増やすこと。さらに、女性の現場監督を育成することです。それが女性の管理職、まずは課長の誕生につながりますから。実は今、入社6年目でこの4月に設計部を経てうちの部（施工管理部）に配属された初の女性社員を大事に育てているところで、年内にはいよいよ女性の現場監督が誕生する予定です。女性はチャンスを与え、丁寧に指導していけば、自らも努力して必ずスキルを身につけます。経験を積み重ねていけば、活躍してくれると信じています。ただ、現場だけが頑張ってもダメで、人事や経営陣ともうまく連携していかないと……あっ、うん……そうなんです」

最後に何か言おうとして飲み込んだように見えた。だが質問する余裕がなかった。予定にはなかった女性社員が、突如として目の前に現れたからだ。「大事に育てている」という部下の女性で、彼の厚意で私に紹介するために呼んでくれたのだ。

「大学で意匠設計を学び、人々の記憶に残る建築物作りに携わりたいと思い、弊社に入社しました。施工管理と設計の両方を担って、社内で認められて活躍したいと思っています。今の一番の目標は早く現場監督を任せてもらって、しっかりと仕事をこなせるようになることです。そのためにいろいろとご指導いただいています」

黒髪のボブヘアに、紺色のパンツスーツ姿。胸元からは水色のブラウスのフリルがのぞく。アイシャドーも口紅も控え目な色である一方、はっきりとしたアイラインと、カールしてマスカラで仕上げたまつ毛によって、大きな目がより強調されていた。後の重大な出来事の主人公でもある彼女とはこの時1回きりの面会となったが、やわらかい物腰ながら、自分の考えを真剣な眼差しで語り、凛《りん》とした雰囲気を漂わせていたのが印象に残っている。

女性の人材育成が急務

女性登用の推進はしかしながら、斎藤さんが思い描いたようには進まなかった。彼が危惧していたことが、現実のものとなってしまったのだ。人事部が社長ら経営上層部の意向を、女性活躍推進法で義務付けられた行動計画に的確に反映させようと躍起になるあまり、現場との間で齟齬《そご》が生じていることを、その後の取材で教えてくれた。

技術系の部署に比べると女性総合職の人数が多い人事、総務などバックオフィス部門でまず課長を誕生させようと、同法施行から1年後の17年4月の昇進を目指し、30歳代後半の既婚で子どものいる女性2人が候補に挙がった。だが、それぞれの上司からの半年以上に及ぶ説得にもかかわらず、いずれの候補者も課長昇進への打診を「自信がない」などの理由で固辞したのだという。

17年晩秋のインタビューで、斎藤さんはこう胸の内を明かした。

「女性管理職比率の数値目標の設定が企業に義務付けられた当初は、社の上層部が十分に理解していなくても、始まってしまえば何とかなると高をくくっていたのですが……間違いでした。上層部は女性登用を人材育成・活用としてではなく、法律に従わなければならないのと対外的に女性の活躍をアピールするため、としか捉えていません。課長候補の女性たちが昇進を断ったのも無理ありません。リーダー的な職務経験を積んできていませんし、子育てと両立しながらの管理職というのは非現実的なのかもしれませんね。うちの会社では結婚や出産を機に辞職する女性のほうが多く、育児との両立支援策もまだ十分ではありませんし……」

それまでの取材では比較的、向き合って視線を合わせて話す時間が長かったのだが、この時は核心に触れれば触れるほど、目をそらして斜に構えるようになっていくのが気がかりだった。

「御社で女性登用を進めていくには、何が必要だと思いますか？」

率直に質問してみる。すると、すぐに正面に向き直り、こう答えた。

「やはり、人材育成が最も重要で、急務だと思います。私たちの世代は、総合職の女性を育てた経験に乏しいですし、中でもわれわれ施工管理や設計の人間は、技術系女性の採用自体、10年ほど前までなかったこともあって、女性部下の指導経験に大きく後れを取っているんです。管理職が丁寧に責任を持って指導していくこと、それから……以前紹介した女性は予定通り、去年秋に現場監督デビューしたのですが、うちの部の女性にはできれば、出産して子育てに時間を取られる前に現場監督を5、6年は経験してもらいたい。それが課長に就くための自信にもなると考えています」

彼なりに女性部下のキャリア形成を熟慮したうえでのプランのようだった。

手厚く指導した女性部下からの告発

それから2年余りの間、斎藤さんへのインタビューは実現しなかった。定期的に取材をお願いし、最初の1年ほどは仕事の多忙さなどを理由に断られていたのだが、そのうち返信も途絶えてしまう。多数の男女を長年取材していると、途中で音信不通になるケースは少なくない。その中でインタビューを再開できるのはごく少数だ。

斎藤さんへのインタビューが叶《かな》ったのは20年の初め。取材場所として指定されたのは、それまでの大阪市内の基幹駅近くの喫茶店ではなく、大阪郊外にある貸会議室だった。平日の仕事終わりの時間帯だったが、斎藤さんはポロシャツにジャケット、スラックス姿で現れた。通常なら互いに雑談や簡単な近況報告をした後、インタビューに入るのだが、この間の歳月の空白が影響して、どう会話を展開していけばいいか考えを巡らせていた時だった。彼のほうからこう話し始めた。

「もらったご連絡へのお返事もできなくて、申し訳ありませんでした。やっと気持ちの整理もついたので、お話しさせてもらおうかと……。実は今、無職なんです……」

淡々とした面持ちと口調は、いつもと何ら変わらない。それが逆に「無職」という事の重大さを際立たせる。不覚にも一瞬、質問する言葉を失う。斎藤さんはそんな私の心を悟ったかのように、言葉を継いだ。

「結論から先にお伝えしたほうがいいですね。こ、この私が……セクハラ、を行ったとして、訴えられてしまいまして……」

表情にネガティブな感情が、徐々に現れ出すのを察知する。すると彼は目線を私から外し、前方の白い壁を見つめ始めた。そうして、本章冒頭の怒りと悲しみに満ちた告白場面へとつながるのだ。

斎藤さんをセクハラで訴えたのは、彼が丁寧に指導し、会社初の女性現場監督となった部下。16年の取材で私に紹介してくれた女性だった。

セクハラ告発を受けるまでの経緯はこうだ。

その女性部下は、施工管理部に異動してきてから約半年後の16年秋、念願だった女性初の現場監督として歩み出した。施工管理や工程・品質管理はもちろんのこと、資材の発注や作業員への工程指示、協力会社や施主との打ち合わせなど、着任早々からさまざまな業務を担い、斎藤さんの目には「着実に実力を身につけ、やりがいを持って仕事に励んでいる」ように映ったという。

各建設現場の責任者である所長が現場を取り仕切っているため、普段は幾つもの現場を統括している施工管理部の部長が現場に赴くことは少ない。だが、彼はその女性部下が配置されている現場に足繁く通い、所長に彼女の様子を聞いて指導・育成を促すだけでなく、彼女に直接、職務への疑問や不安を尋ねるなどして手厚く指導し、「早く一人前の現場監督になれるよう」成長を見守った。それに対し、女性部下も感謝の言葉をいつも口にしながら、精一杯、職務を遂行しているようだったという。

女性部下との距離を感じ始めたのは、18年に彼女が30歳で結婚してからだった。経緯を説明する過程で少しずつ感情の昂《たかぶ》りは収まっていたようだったのだが、女性部下の結婚について触れ始めたこの時点でまた、脳裏につらい光景がフラッシュバックしたのだろうか。どこを見るともなく、斜め上の方向を左右に行ったり来たり、ゆっくりと顔ごと動かした後、うつむき加減で静かに目を閉じた。「沈黙5分」と取材ノートにはある。実際には、それをはるかに超える長い時間に感じられた。

キャリアのために「出産を控えろ」

「女性部下が結婚して……もちろん、それ自体は喜ばしいことです。ただ……結婚を機に少しずつ、私から距離を置く、というか、私を避けているのではないかと感じる時が増えまして……。建設現場から現場事務所に戻った時に話しかけようとしても、簡単に挨拶だけしてまた事務所を出ていくといった状態で。しばらくは成長して独り立ちしていくプロセスなんだろうと、そう気にも留めていなかったのですが……その、あのー、つい……」

言いよどみ、またしばし沈黙が訪れる。ここは相手がつらくても事実を知るためには切り込んで質問するしかない。

「それで、何があったのですか？」

「せっかくチャンスを与えてやったんだ。育児で仕事がおろそかにならないよう、当分は出産を控えて仕事に専念してくれよ」――。

下手な役者が抑揚をつけずに話したセリフのようだった。

「えっ、今のは……」

「すみません。結婚から1年ほどが過ぎた頃でした。確かに現場監督として経験を積んで成長はしていたのですが、以前のようなやる気というか、仕事への気合のようなものが失《う》せてきたと感じ始めて数ヵ月経っていたと思います。プライベートなことに口を挟むことになるとわかっていなかったわけではないんですが……うちの部では育児との両立は簡単ではないですし、仕事に力が入らないままではチャンスが無駄になると、彼女のキャリアを心配して言ったアドバイスのつもりだったのですが……」

彼の女性部下への発言は、出産しないこと、子育てをしながらの就業を回避することを強要したと取られ兼ねない。生殖という性的な事柄がテーマであるうえに、働き方ばかりか生

ていると
き方まで上司が指示しているとなると、これは明らかにセクハラであり、パワハラも混在しているといえるだろう。こうした発言は、斎藤さんによると1回きりだったという。

それから1ヵ月半後、斎藤さんは上司にあたる本部長に呼び出され、セクハラの訴えがあったこととその内容が伝えられた。それに対し、斎藤さんは「女性部下のキャリア形成上のアドバイスだった」と主張した。いったん1週間の自宅待機命令を受けた後、本部長からセクハラの事実認定がなされたことが告げられ、減給の懲戒処分を受けることになる。その3ヵ月後、自主退職（自己都合退職）した。

調査の結果、訴えた本人は、結婚する以前、施工管理部に異動してしばらく経った頃から、斎藤さんに再三にわたり、「出産すると、キャリアが中断して出世に響く」「子育てと両立させながら管理職に就いて活躍するのは難しい」などと言われ、不快感を覚えていたらしい。斎藤さん側からすると、本人のプライベートに口を挟んだのは1回だけであっても――それが訴えを受ける決定打になった可能性は高いものの――彼女はずっと前から彼の発言をセクハラと認識していたことになる。

「何と言われようと、彼女（女性部下）のキャリアアップを考えた発言であったことに嘘偽《うそ》りはありません。全く予測できなかった、不意打ち、なんです。これまで長い間話を聞いてもらい、私がどれだけこの男ばかりの会社で女性の活躍を願って努力してきたかをご存じの奥田さんには、この気持ちをわかってもらいたかった、のです」

途中、溢れ出そうになる感情を必死にこらえ、そう最後まで言い切った。

感謝しているが「訴え後悔していない」

現在55歳の斎藤さんは、建築設計事務所で働いている。

20年冬のインタビューでは、感情を抑えた落ち着いた物腰は変わらないが、表情がいつになく穏やかなのがマスク越しにもわかり、安堵《あんど》した。

「あの出来事から1年以上過ぎても、まだ整理し切れていないのですが……相手の気持ちを思いやることなく、女性社員にそれまで女性が就けなかった仕事のチャンスを与えれば喜んで頑張るに決まっていると、こちらの一方的な考えで事を運んでいたことを、反省していきます。彼女（女性部下）には仕事を含め、自分自身で考えて選んだ悔いのない人生を歩んでもらいたいと願っています」

以前は頑《かたく》なにセクハラを否定していた斎藤さんだったが、相手の価値観を度外視した、自らの思い込みによる言動が女性部下を苦しめていた事実と、真摯《しんし》に向き合おうとしている姿勢が伝わってきた。

　セクハラで訴えた女性は斎藤さんの退職から約1年後、第一子を出産して育児休業（育休）に入った。実はこの女性から短時間でも話を聞きたいと、斎藤さんの元同僚の協力を得て半年以上、アプローチを続けてきた。21年春、ようやく育休中の彼女からメールで返信が届いた。16年に初めて会った時の場面も含め、本書での掲載について彼女の承諾を得たうえで、メール文の一部を紹介する。

〈斎藤さんが私を育てようと気を配ってくださったのはわかりますし、感謝しています。でも、セクハラで訴えたことは後悔していません。後に続く女性のためにも必要でしたから。上司といっても、出産、子育てとの両立という女性の生き方にまで首を突っ込む権利はないと思います。この文面はすべて斎藤さんに伝えてもらって結構です。（略）実は私は結婚直後から不妊で悩み、夫と一緒に治療をしていました。本当につらい日々でした。（略）仕事は子育てしながら続けるつもりですが、現場監督としてやっていけるのかはよくわかりません。奥田さんにお会いした時のような高いモチベーションはありませんが、頑張り過ぎず、頑張りたいと思っています。笑〉

　彼女につらい経験を思い出させるようで、心苦しかった。最後の「笑」にほんの少し救われたような気がする。

後日、この内容を斎藤さんに電話で伝えた。「そう、で、すか……」発する声がわずかに震え、またどこか温《ぬく》もりがこもっているように聞こえた。

2　思わぬ「マタハラ」告発

「過剰な配慮はやる気を奪う」

妊娠・出産、育休などを契機とする嫌がらせ、いわゆるマタニティハラスメント（マタハラ）に対して、事業主に防止措置を義務付ける改正男女雇用機会均等法、改正育児・介護休業法が施行された2017年の春、東京に本社のある人材総合サービス会社の人事部次長、渡辺哲也《わたなべてつや》さん（仮名、当時41歳）は、妊娠、出産というライフイベントを経た女性社員がキャリアを停滞させず、経験を積んで能力を磨いていく方策について、表情豊かに身振り手振りを交えて話し始めた。

「確かにマタハラが禁止され、企業に防止策が義務付けられたことで、女性社員は以前よりも不快な思いや不当な扱いを受けることは格段に減りますし、とても良いことです。ただ一方で、過剰な配慮は本人のキャリア形成に悪影響を及ぼし、やる気を奪い兼ねません。例えば、妊娠中の女性社員への負担の少ない業務への転換を本人が相談、利用したことで嫌がらせなどを受けるのはマタハラで、絶対に防止しないといけません。でも、本人が希望していないのに業務命令で、半ば強制的、とでも言うのかな、軽易な業務への転換を行うのはよくないと思うんですよ。そう思いませんか？」

気さくで明るく、どんな質問にも歯に衣《きぬ》着せぬ物言いでずばりと切り込む。現状に甘んじることなく、常に自ら課題を発掘して取り組んでいる姿勢がうかがえた。

渡辺さんは企業の組織・人事戦略や人事制度構築などに関わるコンサルティング業務を担う部署で実績を積み、15年から人事部で両立支援策や女性の人材育成、管理職登用のあり方など、社内の人事制度の設計や運用を担当してきた。

「制度設計がどれだけうまくできたとしても、絵に描いた餅、とまでは言いませんが、あっ、は、は……各部署での運用、つまり現場に下ろしていく段階でうまくいかず、混乱が生じることは多いんです。僕は長年、顧客企業へのコンサルティング業務と、この2年は社内で両立支援策や女性登用を担当するなかで、そうした問題を肌で感じてきたので、今度こそは現場の実態に即した運用が必要だと思うんです。だから、マタハラ防止をきっかけに一律に、妊娠中の女性社員の仕事の量も質も落とすんじゃなくて、それぞれの事情やキャリアへの考え方、将来の仕事の目標に応じた対応が必要だと思うんですよ。うん、絶対そうなんです」

笑い声を交えながらの主張だったが、その眼差《まなざ》しは真剣で、人事制度の設計や運用に長年携わってきた経験に裏付けされた主張には説得力があった。

育休後に意欲が低下した女性部下

しかし、渡辺さんが考える妊娠、子育て中の女性社員の能力開発や有効活用策は、なかなか効果を出すことができなかった。

18年春、熱い語り口に変わりはなかったものの、時折、眉間にしわを寄せ、これまでのインタビューでは見せたことのなかった舌打ちまでしながらこう話した。

「経営陣にも直《じか》談判したんですが……。どう言ったと思います？　見栄え、くそっ、ちぇっ。『見栄えが悪い』ですよ。つまり、法律では妊娠、子育て中の女性社員の負担を軽減する制度などの利用を妨害する嫌がらせの防止対策が義務付けられているんだから、女性にやる気があるからといって通常通りに働かせていたら、女性に優しい会社として対外的にアピールできなくなるということなんですよ。社員のことなんか、ほんのかけらも考えちゃいない。

とんでもない奴ら、ですよ。そう思いませんか？　ねえ、どうです？」

　同意を求めてくるのは彼の口癖でもあり、実際に返事を求めているものでない場合が大半だ。だが、この時は執拗《しつよう》に自身の考えに異論がないことを確認しようとする。珍しく、焦りのようなものが感じられた。さらに詳しく尋ねてみる。

「具体的に何かマタハラを防止するための配慮が、女性社員のキャリア形成に悪影響を及ぼすような事案があったのですか？」

「まあ……そ、そうなんですよ。『子どもができても、いろいろと挑戦して、活躍できるようになりたい』などと言って、あんなに頑張っていたから、僕もいろいろとアドバイスして期待していたのに……ずっと連絡もなかったので気にはなっていたんですが、モチベーションの低い普通の両立女性になって……大きな期待外れです」

　子育てをしながら働いている女性社員はモチベーションが低いのが「普通」という風に聞こえ、これは明らかな偏見だ。好ましくない表現であることをわかっていながらも、思わず口にしてしまうほど、怒りに震えていたのかもしれない。

「期待していた」というのは、30歳代前半の女性社員で、人材コンサルティング部門時代の部下で、彼が人事部に異動した2年後に出産し、約8ヵ月間の育休を取得し、職場に復帰してから数ヵ月経つという。育休から職場復帰後、仕事にチャレンジするどころか、出産前にはあった仕事への意欲や向上心が全く感じられないのだという。会社に請求して時間外労働を制限してもらっていることから、渡辺さんは女性部下の意欲低下の要因を会社による過剰な配慮と決めつけているようだったが、実際に彼女がどうだったのかはわからない。

取材から3ヵ月後、その女性部下の退職を彼から知らされる。この出来事が、渡辺さんのその後の動向に大きな影響を与えたことは間違いない。

マタハラ告発は「僕への嫌がらせ」

3年ぶりに古巣の人材コンサルティング部門に戻ってから1年余り過ぎた19年冬、渡辺さんは20歳代後半の女性部下からマタハラで訴えられてしまう。その事実を知ったのは、マタハラ告発の約1年後、20年冬のことだった。

異動の報告を受けて以来、2年ぶり。オンライン取材のため、平面の動画でしか様子をうかがい知ることはできなかったが、顔のしわやシミ、白髪が増えて表情が暗いのは明らかだった。10年以上の時が経過したような感覚を覚える。

「今度こそ、女性社員への行き過ぎた配慮によって、女性社員が実力を身につけ、活躍していくチャンスを奪い、本人も働くモチベーションを低下させるようなことがないよう、仕事に対する考え方や将来の目標を聞きながら、指導してきたつもりだったんですけどね……。『出産後は一日も早く仕事に復帰して、責任の重い仕事にチャレンジしたい』などと意欲を見せていたし、僕のやり方に間違いはないと確信していたんですよ。うまくいく最初のケースになると、とても期待していたんですが……」

ほとんど視線を合わせることなく、小さな声で抑揚のない話し方をする姿は、明るく元気に自信をみなぎらせ、また怒りなどネガティブな感情も包み隠さず露わにしていた以前の渡辺さんとはまるで別人のようだった。

マタハラで訴えられた内容は、妊娠中に軽易な業務への転換を希望したものの認められなかったこと、育休期間を短縮させられたこと、さらに復職後の短時間勤務や時間外労働の制限が認められなかったこと——など複数に及んだ。育休から職場復帰して1ヵ月後の訴えで、事実だとすれば、制度利用を妨害する嫌がらせに該当する。妊娠中の業務負担の軽減や子育て中の時短勤務などは、女性社員個々の希望に沿って運用すべきで、過剰な配慮はキャリア形成を妨げると、渡辺さんがかねがね主張してきた内容と密接に関わっていた。

人事制度に精通した彼が故意に法を犯すわけがなく、またうっかりミスということも考えにくい。

「彼女が希望しなかったので負担の少ない業務に変えなかったし、育休期間も6ヵ月で十分だと言うのでそれに沿っただけ。時短勤務も残業規制も一度も希望を受けたことがないのに、『認めなかった』なんてこと、あるはずないでしょ。確かに僕は過剰な配慮がキャリア形成を妨げると考えていますが、それは本人が負担軽減の制度利用を希望しなかった場合に強制してはいけないということですから。ああ、ふぅー」

つかの間、怒りが込み上げてきたようにも見えたが、すぐに淡々とした物言いに戻り、力尽きたように深いため息を漏らす。

「では、なぜ訴えられたのだと思われま（すか？）」

語尾に重ねて、誰にともなくつぶやくように言葉を発する。

「彼女の僕に対する嫌がらせ、のほかない……」

「えっ、どういうことですか？　詳しく教えてもらえませんか？」

そう言われるのを待っていたかのように、斜に構えていた体をゆっくりと正面に向け、説明を始めた。声のトーンが少しではあるが、高くなっていくのを感じた。

「僕をマタハラで訴えた女性は育休に入るまでは、とても仕事にやる気を見せていたんですが、職場復帰すると、後輩の独身女性がかつて自分が担当していたクライアント企業を任されて頑張り、実績を挙げているのを見て、焦って、嫉妬したんじゃないんですかね。僕だって、頑張る部下は男女問わず誰だって、目にかけて指導しますからね。（マタハラで訴えた）彼女には、僕が後輩女性を贔屓していると映ったのかもしれない。だから、妊娠中のことまで持ち出して、事実無根のことを訴えて……」

事実無根であれば、渡辺さんの主張が認められるべきで、当初会社は彼の主張に理解を示していたが、人事部が調査に入ってから1週間ほどして、訴えた女性部下が妊娠中に妊娠中毒症を患っていたことを証明する診断書を提出したことで事態は一変、彼にとって不利な方向に動いていったのだという。無論、彼は女性部下から妊娠中毒症のことは聞かされていなかった。

結局、妊娠、育休などに関するハラスメントとして認定される。渡辺さんは戒告の懲戒処分を受け、役職は部次長のままで総務部への異動を命じられた。

21年春、45歳になった彼に今の心境を聞いた。

「良かれと思ってやったことが部下にとっては迷惑なこともあるだろうし、思わぬことで恨まれることもある。女性は出産前後で仕事への考え方が変わることもあるし……。部下との関係は本当に難しいです。コロナ禍の外出自粛、テレワークが客観的に冷静に、仕事について考える機会にもなって、改めて人材育成の重要性と難しさを感じているところですかね」

今後の進路については明言を避けたが、取り戻した明るい表情に柔和さが加わり、その眼差しはどこか先を見据えているように見えた。

3　男性部下への助言が「パタハラ」に

男性の育休に理解のある管理職

ある運輸会社の会議室。海運部の定例会議を終え、足早に部署に戻ろうとする男性部下を後ろから呼び止め、男性課長がこう笑顔で話しかけた。

「奥さん、おめでた、だってな。おめでとう」

「あっ、まあ……どうもありがとうございます。ご報告しようと思っていたところだったんですが……」

部下は、上司からいきなり、妻の妊娠について触れられ、やや驚いた様子を見せつつも、すぐに明るい表情に戻す。

「そんな、報告はいつでもいいよ。たまたま昼飯で一緒になった職場の連中が話していたのを耳にしてね。ところで、奥さんはメーカー勤務だったよな」

「あ、はい……あのー、妻は育休を目一杯取るといっていますので……」

「じゃあ、君は育休は取らなくてもいいのか？」

「ええ、もちろん、取りません。この忙しい部署で子育てのためにお休みをいただいてご迷惑をかけることはできません。ずっと希望していた海運部に来させてもらってまだ3年にもならないですし、実績を重ねていけるよう精一杯、頑張るつもりです」

部下はまるで異動してきた時の決意表明のように、語気を強めた。

「ああー、そうか。ふふ。そう聞いて、安心したよ。男が育休を取ったら、出世に響くからな。うちのような会社は特にそうだ。これからも期待しているよ」

課長はそう言って男性部下の肩を軽くポンと叩いて、先に会議室を後にした——。


これは、これから紹介する事例の核となる上司と部下の育休取得に関する会話場面で、取材対象者である男性課長の証言をもとに再現したものだ。一見、何気ない会話の中に、この上司がはまった大きな落とし穴が潜んでいるのだが、まずはそこに至るまでのインタビューから紹介しよう。

九州に本社のある運輸会社の海運部で課長職に就く中山大介《なかやまだいすけ》さん（仮名、当時38歳）は２０１９年夏、連日の猛暑で額から溢れ出す汗を大判のタオル地ハンカチで拭いながら、男性の育休取得について自身の考えを話した。

「最近も厚生労働省の調査で男性の育休取得率が過去最高を更新、などと大げさに報道されていましたが、たかが６％ちょっとでしょ（19年公表の18年数値）。１ヵ月未満が８割を超えていて、こんな短期間じゃ子育ての何の役にも立たないし、ろくな経験にもならないですよ。うちの会社は正社員の９割が男性で、女性は出産を機に辞めるケースが多いので女性でさえ育休取得者はまだ少ない。こんな状況では男性社員が育休を取得したら、出世に悪影響が出ます。勘違いしてもらっては困るんですが、僕は男性の育休取得には賛成派です。ただ、取得するなら最低でも１ヵ月以上取らないと意味がないということなんです」

学生時代、ラグビー部で鍛えたという大柄の体で、穏やかでおおらかな雰囲気を醸し出す一方で、話す内容は至って鋭い。

「では、男性が出世に響くことなく、育休を取得するにはどうすればよいと思われますか？」

「業務の効率化を進め、長時間労働をなくすなど、職場環境の改善が必要です。仕事量ではなく、仕事の質で勝負するんです。それから、制度はあっても利用できないのが現状ですから、男性でも育休を取得しやすい雰囲気づくり、社員の意識改革が必要だと思いますね。実際に僕自身、数年前のことですが、係長昇進を控えていた時期だったんで育休を見送りましたから。管理職の立場からすると、現状のままでは出世に響くとわかっていて男性部下に育休を勧める上司はいないんじゃないかな……」

管理職ともなると、男性の育休取得は好ましい、と建前で話す男性が少なくないなか、中山さんは課題を本音で語り、職場環境の抜本的な改革の必要性を訴えた。

コロナ禍在宅勤務を機に生じた不和

このインタビューを行った翌月、本事例の冒頭で紹介した会議終わりの上司と部下の場面へと続くのだ。

中山さんが妻の妊娠に対してお祝いの言葉をかけ、育休を取得するかどうかについて尋ねた相手である30歳代前半の男性部下は2年前、総務、人事など管理部門を経て、入社時から希望していた海運部所属となった。入社から10年近く経ってようやく叶った異動だった。中山さんは、社内の人事制度について説明を受けたことがきっかけで、この男性部下が人事部にいた数年前から交流があり、「何としても海運部で頑張りたい」という熱意を買い、部長にも海運部への異動を推薦してきた。本人はやっと回ってきたチャンスを生かすべく、懸命に職務に取り組んでいたという。

現部署での経験が浅いことも、育休取得によるキャリアへのダメージを考えた要因の一つで、本人も重々承知しており、19年夏の会議室でのやりとりは上司と部下、双方の意思確認の場として、何ら不自然な出来事ではなかった。と、当時の中山さんは認識し、決して疑うことはなかった。

翌20年春、その男性部下の妻は第一子となる男子を出産した。この時点でも、メーカー勤務の妻は2ヵ月の産後休業の後、子どもが1歳の誕生日を迎える直前まで10ヵ月の育休を取得する予定ということで、本人は「妻が十分に育休を取ってくれますので、私は仕事に思う存分専念できます」と話していたという。

直後、新型コロナウイルスの感染拡大による1回目の緊急事態宣言に伴い、テレワークが導入され、出勤は交代制で週1、2日程度となり、社員同士が対面でコミュニケーションを取る機会が極端に減る。この間、男性部下はウェブ会議システムを利用した部内の打ち合わせに遅刻したり、コロナ禍でグローバルな貨物輸送が激減するなか、緊急を要する事業計画の見直し案を期日までに提出できなかったりと、以前は見られなかったミスを繰り返すようになった。

理由を尋ねると、「(在宅勤務で)子どもが傍《そば》にいるので仕事に集中できない」「子どもの世話に時間を取られてしまった」などと長男の話を持ち出し、反省の弁を述べたという。これを契機に、かつてのように仕事について助言を求めてくることもなくなり、意思疎通を図ることが難しくなったのだという。と同時に、男性部下は入社年次の近い同じ部の同僚たちとの仲も日増しに険悪になり、仕事の分担、進め方を巡って言い争うなど、職務遂行に支障をきたすまでになっていたらしい。

虚偽の「パタハラ」で訴えられる

そうして、20年夏、中山さんはその男性部下から、育休取得を認めてもらえず、希望を申し出ただけで出世に響く、などと言われて嫌がらせを受けたとして、いわゆるパタニティハラスメント(パタハラ)で訴えられるのだ。

20年冬、取材に応じてくれた中山さんはマスクをつけていても精気のないことがうかがえる。一言ひと言、噛みしめるように語った。

「仕事に慣れない彼を手塩にかけて育ててきたんですが……。こんなことになるとは、夢にも思っていませんでした。裏切られたような気持ちで、もう情けなくて、惨めで……まだ立ち直れていないのが正直なところです……」

パタハラで訴えた男性社員は、会議室でのやりとりを録音していて、一部を証拠として、コンプライアンスを担当する部署に提出した。コンプライアンス担当部長からの説明では、録音された音声にある中山さんの発言、「男が育休を取ったら、出世に響くからな」の部分が問題視されたが、その前後のやりとりは削除されたり、雑音が入って聞き取れなかったりしたという。中山さんは事実無根であると主張し、2人の会話をたまたま耳にした海運部員への聞き取りなども含めた調査の結果、パタハラとは認められなかった。

しかしながら、中山さん曰く「社内トラブルは喧嘩《けんか》両成敗のルール」により、その年の秋の人事異動で、男性部下は船舶の代理店業務を行う部署に、中山さんは課長職のまま人事部に異動となった。

問題視された発言そのものは事実でも、そこに至る文脈ではまず本人の育休取得の意思を尋ねている。育休取得を妨害する嫌がらせでも、取得したら昇進させないという不利益な取り扱いにもあたらない。中山さんの話だけをもとに断定することは無論できないが、それまでのインタビューを通してわかった、彼の男性の育休取得に関する考え方や職場環境改善の必要性を訴える真摯な姿勢を勘案すると、男性部下が虚偽の訴えを行ったと推察するほうが自然だろう。

ショックが大きかっただけに、まだ考えを整理できていないようで、この時のインタビューではそれ以上、詳しく聞くことはできなかった。

「出世を望まない男を受け入れられるか……」

21年春、柔和な雰囲気を取り戻しつつある中山さんに、自身が男性部下から〝偽パタハラ〟で訴えられることになった要因をどう捉えているのか、尋ねた。

「こうしてインタビューに応じながら悪いんですが、実はいまだにわからないことのほうが多いんです。そもそも、会議室でのやりとりを録音していたこと自体、不可解ですし……。僕から言えるのは、予想していなかったコロナ禍の在宅勤務で働き方が変わり、生まれて間もないわが子に普段よりも長時間、間近で接している過程で、彼（パタハラで訴えた男性部下）のなかで何かしらの変化が起きたのかもしれないということ。そして、コロナ禍を境に彼の仕事へのモチベーションが低下し、同僚と衝突するなどイライラしている様子が感じられたということぐらいでしょうか」

「育休は取らずに仕事に全力を注いで実績を残していくつもりだったのが、実際に育児に関わってみて、仕事に対する考え方が変わったということなんでしょうか？」

「さあ、どうなんでしょうか？　後からでも育休を申し出ることはできたわけで……そのあたりはよくわかりませんね」

「仕事への意欲が低下して焦燥感が感じられたというのは、家庭とはまた別の問題なのでしょうか？」

「いや、仕事と家庭、その二つは関連しているんじゃないでしょうか。子育てを経験するうちに出世競争に挑んでいく仕事中心の生活に嫌気が差してきたのか、逆に、彼と入社年次の近い部員はみな5年以上、海運部で経験を積んだ有能な人材ですから、仕事の将来に自信が持てなくなって子育てに逃げた、とも考えられますよね。それに、仕事のミスを子どものせいにして、同僚と衝突する彼を、僕がだんだん好ましく思えなくなったのもあって……。彼からすると、僕が自分よりも他の部員を評価して、優遇していると映ったのかもしれません。結局、訴えた動機なんて本人しかわからないことですけどね」

今年40歳になる中山さんにはまだ、長く経験を積んできた海運部に戻って、昇進していく道は残されているはずだ。これからのキャリアをどう思い描いているのだろうか。

「やっぱり、海運の前線に戻って、管理職としても少しでも上を目指していきたいとは思っていますよ。ただ……再挑戦するには、まだ準備が足らないというか……」

「何の準備ですか？」

「まあ……女性だけでなく、男性だって、子どもができれば仕事に影響が出ることがあるし……その－、育休を取りやすくするための職場環境の改善うんぬんとは別の次元で、家庭を犠牲にしてまで出世を望まない男性もいるのかな、なんて最近考えるようになりまして……。僕にはとても考えられないことですけど、そんな男性部下をどこまで理解し、受け入れられるのか、ということですかね。正直、現時点ではまだ、自信がありませんが……」

少したどたどしい口調ではあったが、苦い経験を糧《かて》に前進していこうとする決意の言葉のようにも聞こえた。

4　部下への思い込みが招くセクハラ

女性の多様性を度外視

出産後の就業継続や管理職への登用など女性の活躍は皮肉にも、旧来の男性優位の職場では想定していなかった新たなセクハラを生むきっかけにもなっている。

女性活躍推進法の施行も相まって、女性の管理職登用の気運が高まるなか、女性社員に管理職として必要な能力を磨く経験を積ませ、昇進の機会を与える立場にある男性上司の多くが、昇進への打診を断る女性部下への対応に頭を痛めている。上司側が管理職に就く女性を育成した経験に乏しいか、または皆無で、社内に指導的地位に就いて活躍する女性のロールモデルも存在しないことなどは、女性登用を阻む要因としてこれまでも指摘されてきたことだ。

だが、何にも増して女性登用で大きな障壁となっているのは、管理職を男性が独占してきた画一的で排他的な「男社会」の価値観に囚われた男性上司が、女性はこれまで辛酸をなめてきたのだから、管理職昇進のチャンスを与えれば喜んで受け入れるに違いない、などと勝手な思い込みをしていることである。事例にもあった「せっかくチャンスを与えてやったんだ」という言葉は、古い男性主導の固定観念として象徴的だ。

女性は生き方の選択肢が男性に比べて多様なだけに、管理職に就いて能力を発揮していきたいかどうかなど、仕事に対する姿勢、考え方は人それぞれだ。結婚、出産というライフイベントを経験して考えが変わることもままある。

メディア報道も影響し、国の「女性活躍」政策については女性管理職を増やすことがクローズアップされてきたが、管理職に就くことだけが女性の「活躍」ではない。専門職として専門性、スキルを極めるなど、管理職とは別のかたちで力を発揮したいと考える女性もいれば、子育てなど家庭との両立を優先し、無理のない働き方を志向する女性もいる。

第5章でも詳述するが、女性が管理職昇進を打診された時などに、「自信がない」などと言って固辞するのは、決してやる気がないからではない。自信のなさは経験やスキルの不足に起因し、職務配置や能力開発など雇用主の人事管理上の問題である。

こうした点を履き違えている男性管理職も少なくないのではないだろうか。本章の事例にもあるように、女性の多様性を度外視し、皆、職場で指導的地位に就くことを望んでいるといった男性上司の一方的な決めつけが、女性の生き方にまで口出ししてセクハラにつながったり、部下の女性が不満のはけ口を偽りの告発に求めるなど、つけ入る隙を与えてしまったりしているのである。

全国の都道府県労働局雇用環境・均等部（室）が2019年度に受け付けた男女雇用機会均等法関連の相談のうち、セクハラに関する相談が7323件（37・4％）と最も多かった。厚生労働省によると、男女別のセクハラ相談件数は16年度以降集計していないため、それ以前の傾向となるが、15年度は女性が6185件、男性が642件と女性からの相談が圧倒的多数であるものの、その5年前の10年度（女性7361件、男性551件）に比べ、女性は減少傾向にあるのに対し、男性からの相談が増加傾向にある。

また、労働政策研究・研修機構が16年に公表した「妊娠等を理由とする不利益取扱い及びセクシュアルハラスメントに関する実態調査」（全国の民間企業に勤める25～44歳の女性対象。有効回答数4654人）によると、女性の3・5人に1人（28・7％）がセクハラを経験していた。セクハラ被害者を雇用形態別にみると、正社員が34・7％と、非正規労働者よりも多く（契約社員等24・6％、派遣労働者20・9％、パートタイマー17・8％）、また企業規模別では企業規模が大きいほど多い傾向がみられた（図3）。

セクハラ加害者は男性が69・0％に上ったが、女性も14・5％を占めた（無回答・「わからない」は16・5％）。本調査の対象者は女性であるため、女性同士の間でもセクハラが起

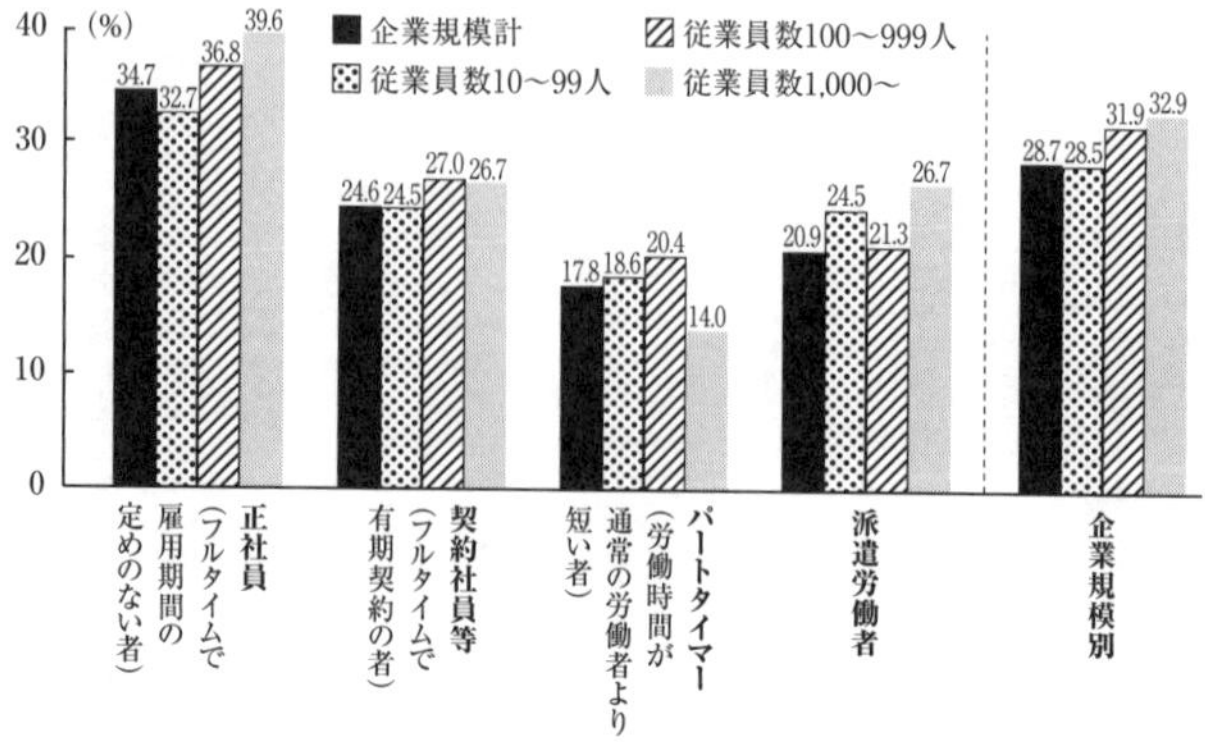

図3　雇用形態別、企業規模別のセクハラ経験率

出典：労働政策研究・研修機構「妊娠等を理由とする不利益取扱い及びセクシュアルハラスメントに関する実態調査」(2016年)

きていることになる。かつての男性上司が女性部下に対して行うケースはもはや、複数あるパターンの一つでしかない（女性上司から男性部下へのセクハラ事例は第３章で紹介する）。

セクハラ加害者の職場での地位や関係性では、「職場の直属の上司」が24・１％で最多だったが、「職場の同僚、部下」も17・６％を占め、必ずしも職場で優位にあるものがセクハラ行為を行っているとは限らないこともわかった。「直属の上司よりも上位の上司、役員」は17・２％、「取引先や顧客など」は７・６％だった（図４）。

部下の変化を受け入れられない

妊娠、出産、育休などの制度利用に関する嫌

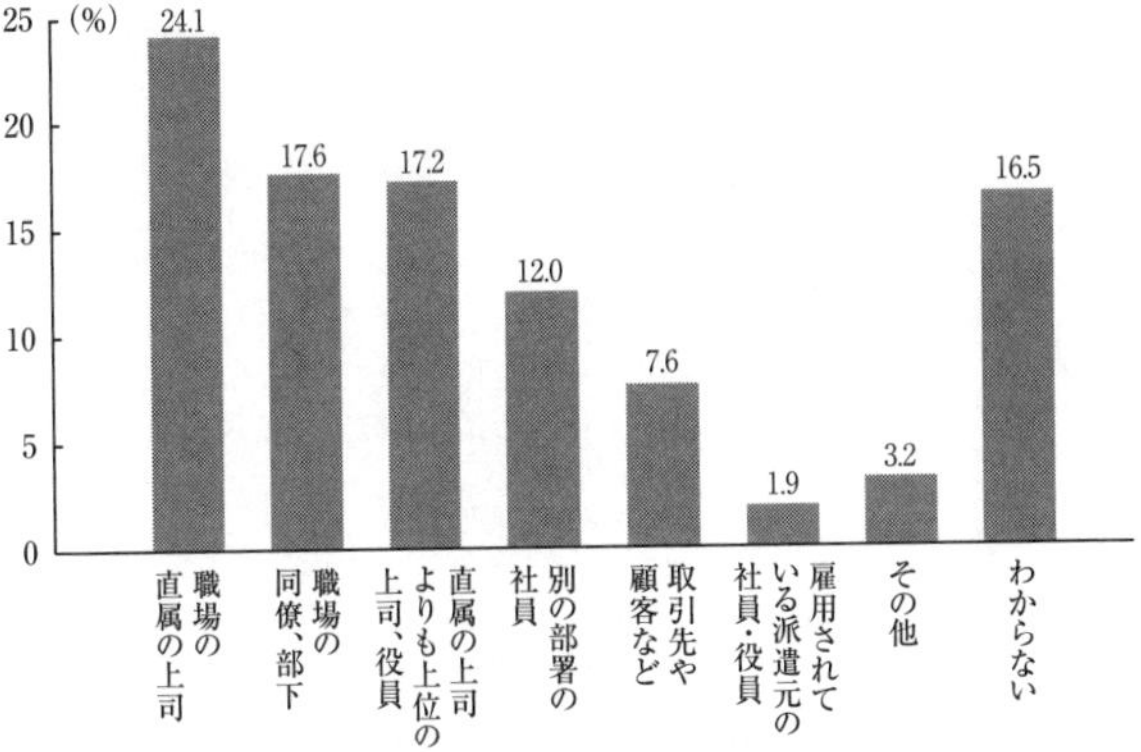

図4　セクハラ行為者の職場での地位・関係

出典：労働政策研究・研修機構「妊娠等を理由とする不利益取扱い及びセクシュアルハラスメントに関する実態調査」(2016年)

がらせや不利益な扱いを受けるマタハラ、パタハラも深刻だ。女性には妊娠中はもとより、育休を経て職場復帰した後も、問題なく仕事を続けられるのか、上司や同僚に理解してもらえるのか、など常に不安がつきまとう。そんな女性部下の気持ちを男性上司が受け止めることができているのか、大いに疑問だ。妊娠中の業務負担の軽減や職場復帰後の残業制限などについて、本人が希望していないにもかかわらず、会社側が利用させるような行き過ぎた「配慮」が女性の意欲と活躍の機会を阻害すると考える男性上司の事例を紹介したが、女性の人材育成の観点からはもっともな見解だ。しかし、そもそも、「配慮」をどう捉えているかも女性一人ひとり異なる。そこを見誤ると、マタハラを生む素地をつくってしまう。

事業主に防止措置を講じることが義務付けられてからまだ日が浅いが（17年法制化）、都道府県労働局が19年度に行った男女雇用機会均等法に基づく是正指導件数では、「妊娠・出産等に関するハラスメント」、つまりマタハラが５６６２件と最も多かった。先述した労働政策研究・研修機構の調査では、対象女性の21・４％が妊娠等を理由とする不利益取り扱いや嫌がらせを経験していた。企業規模が大きいほど経験率が高いのはセクハラと同様だが、雇用形態別では派遣労働者が突出して多かった。

男性社員の育休取得など子育てのための制度利用を妨害するといったハラスメント行為を指すパタハラも近年、男性の育児への意識の高まりを背景に増加している。防止措置が事業主に義務付けられているのは、男性労働者に対するパタハラも同様だ。連合が20歳～59歳の男性労働者１０００人（うち子どものいる人は５２５人）を対象に実施した調査（14年公表）では、「職場でパタハラをされた経験がある」は11・６％で、「周囲でパタハラにあった人がいる」の10・８％を合わせると、５人に１人がパタハラを経験したか、職場での存在を認めていることがわかった。パタハラ経験者に内容を尋ねたところ、子育てのための制度利用について、「認めてもらえなかった」「申請したら上司に『育児は母親の役割』『育休をとればキャリアに傷がつく』などと言われた」「制度利用をしたら、嫌がらせをされた」の順に多かった。

一方、男性の育休取得率は7・48％（厚生労働省の令和元年度「雇用均等基本調査」）と年々わずかながら上昇しているものの、女性の育休取得率（83・0％）との間にはいまだ大きな隔たりがある。男性の育休取得期間は2週間未満が7割強を占め（5日未満が36・3％、5日以上2週間未満が35・1％）、1ヵ月未満が81・0％にも上る（平成30年度「雇用均等基本調査」。令和元年度調査では育休取得期間の項目なし）。男性が育休を利用できない、またほんの少数が取得してもごく短期間しか利用できていない主因の一つに、パタハラがあるといえるだろう。パタハラは表面化しにくいハラスメントだ。政府は、妻の出産後8週間以内に計4週間の休みを2回に分けて取得できる「出生時育児休業」の導入や、労働者への育休取得の働きかけを事業主に義務付けるなど、さらなる男性の育休取得促進策を進めており、パタハラ防止は喫緊の課題である。

男性上司にとって、自身が経験したことのない、それ以前にわが子の子育てではその発想すら湧かなかったケースが多いであろう育休を、男性の部下が取得することに対して理解し難いのはわからなくもない。だが、部下の意識の変化を受け入れられないままでは、パタハラは後を絶たない。

女性部下の多様性を受容できず、また男性部下の心情を理解できないことが、セクハラをはじめとする「聖域」に踏み込んでしまう大きな要因となっているのである。

第3章

女たちのジレンマ

1 〝女を武器〟に「被害者」に活路

男の価値観を許容せざるを得ない苦悩

女性の社会進出のための環境整備を加速させた1986年施行の男女雇用機会均等法は、育児・介護休業法（92年に育児休業法として施行）とともに改正を重ね、2017年の両法改正では妊娠・出産、育児・介護休業に関して労働者がハラスメントを受けることがないよう、事業主に防止対策が義務付けられた。15年には女性活躍推進法（女性の職業生活における活躍の推進に関する法律）が10年間の時限立法として施行され、16年から女性の管理職比率の数値目標などを盛り込んだ行動計画の策定・公表が従業員301人以上の大企業に義務付けられた（19年の改正法施行により、従業員101人以上300人以下の中小企業は22年から義務付け）。女性が結婚、出産後も子育てや介護など家庭でのケア役割と両立させながら働き続け、さらには指導的地位に就いて活躍するための職場環境は制度上ますます整ってきている。

管理職男性がハラスメント行為に至る背景には長年、男性優位の企業社会を支えてきた価値観があるが、女性たち自身を苦しめているのは、自分たちの活躍を阻んできた「男社会」のしきたりに反感を抱いているにもかかわらず、以前に比べて活躍の機会が与えられるようになった今でもなお、多かれ少なかれ「男社会」の価値観を許容せざるを得ないことである。こうしたケースは、男女雇用機会均等法施行直後に就職した「均等法第一世代」以降の中年期、壮年期の女性に多い。

そんなジレンマと闘いながら、ある女性は〝女を武器〟にセクハラの「被害者」となることに活路を見出《みいだ》し、また時代ごとに揺れ動くトレンドのような、女の生き方に対する社会規範に翻弄《ほんろう》されながら、パワハラ、セクハラの加害者に転じてしまう女性もいる。

なぜ彼女たちは不本意ながらも「男社会」の価値観を受け入れ、自ら隘路《あいろ》にはまってしまったのか。本章では、ハラスメントに関わった女性の葛藤に迫ってみたい。

信頼していた上司をセクハラ告発

新型コロナウイルス感染拡大が深刻さを増す2020年の年の瀬、ファッションビルが立ち並ぶ東京都心のあるエリアでは例年のクリスマス・イルミネーションが中止されたものの、若者たちを中心に賑《にぎ》わいを見せていた。1年半ぶりの再会となった里中慶子《さとなかけいこ》さん（仮名、53

歳）は、大通り沿いにあるカフェレストランのオープンテラス席で人目もはばからず突如として嗚咽し、言葉が途切れ途切れになりながらも必死に思いの丈を吐き出した。

「前にもお話ししたことのある上司のことなんですが……あれほど、尊敬して、信頼していた上司は、ほかにには、誰一人として、いませんでした。そ、それに……いえ……。な、なのに……どうして……」

涙が堰《せき》を切ったように溢れ出し、ベージュ色のウレタン製マスクを濡《ぬ》らす。日は暮れ始めていたが、行き交う若いカップルがこちらを気遣ってか、それとも恋に夢中でそれどころではなかったのか、見向きもせず通り過ぎてくれたのは幸いだった。彼女は絶句し、放心状態のまま。ソーシャルディスタンスを保ったインタビューとはいえ、いつものように長時間にわたって話を聞くことは避けなければならない。

長きにわたって継続的に取材してきた彼女の予期していなかった発言に不覚にも戸惑い、十分に頭を整理できず、会話が途絶えた時間をもてあましてしまう。実際には10分ほどだったのだが、あれほど長く感じた沈黙はそれまでの取材ではなかったかもしれない。そして何よりも、何か言いかけて言葉を呑《の》んだ様子から、隠し事があるように思え、気になった。

彼女は顔を伏せたまま、マスクの片耳の紐《ひも》を外してティッシュで顔の中央部を拭いた後、小さく深呼吸する。そして、顔を上げるとこう打ち明けた。

「上司をセクハラで訴えたんです」――。

内容もさることながら、それまでと打って変わって淡々とした表情に一瞬、背筋がゾクッとした。

可憐でしなやかな総合職女性

なぜ里中さんは、信頼していたという上司をセクハラで訴えることになってしまったのか。これまで20年余りに及ぶインタビューを振り返りながら、その背景・要因、そしてジレンマに苛《さいな》まれながら、結局は解くことのできなかったある価値観の呪縛についても探ってみたい。

里中さんとは、男女雇用機会均等法施行から14年を経た２０００年、バブル世代の総合職女性の今、をテーマにインタビューしたのが最初の出会いだった。

この前年の１９９９年に男女共同参画社会基本法と改正男女雇用機会均等法が施行され、改正均等法では女性労働者に対するセクハラ防止のための配慮義務が規定された（ちなみに「措置義務」への厳格化は、２００７年まで待たねばならない）。だが、企業の多くは、男女が対等に社会の活動に参画する機会が確保されるとともに、男女が均等に政治的、経済的、社会的、文化的利益を享受し、ともに責任を担う社会を指す「男女共同参画社会」への理解が不十分で、ましてやその実現のための方策はまだ手付かずだった。

里中さんは東京に本社のある大手メーカーに1990年に入社し、当時は女性では珍しい営業部に在籍していた。現在、「均等法第一世代」というと、男女雇用機会均等法施行の1986年から90年頃までに総合職で入社した女性をひと括《くく》りで指す場合が多い。実際には、均等法第一世代の中でも、同法施行直後とバブル崩壊が始まる91年に近い時期の入社とでは、会社側の扱い方も、女性たち自身の仕事やライフスタイルに関する意識・行動にも若干の温度差があると、2000年の取材当時、里中さんと同世代の筆者は感じていた。

そんな時、「センセーショナルに書き立てるのではなく、女性総合職像をしっかりと伝えてくれるなら」と取材に協力してくれたのが、当時33歳の里中さんだったのだ。

取材場所のホテル内カフェラウンジに現れた里中さんはベージュ色のノーカラーのスカート・スーツ姿で、胸元からは淡いピンク色のブラウスのボウタイリボンがのぞいていた。当時の取材ノートには、「可憐《かれん》で穏やか」「しなやかな立ち居振る舞い」「肩の力が抜けていて、気負いがない」などと、通常のメモ書きとは別に、目立つように大きな文字で書かれている。

それまでインタビューした総合職の女性の多くが、「男性と肩を並べて働く」ことを象徴するかのように、服装や口調、態度に凛とした雰囲気を漂わせていたのとは異なったのが、とても印象的だったのだと思う。

〝広告塔〟でなく、「結果を出して管理職になる」

ティーカップの取っ手を、指を揃《そろ》えてつまみ、カップを口に近づけて飲む、何気ない仕草にも余裕のようなものが感じられた。紅茶をテーブルの上に置くと、改めて姿勢を正して両手を膝の上に置く。そして、ゆっくりとこう話し始めた。

「均等法第一世代、いえ、女性総合職1、2期生ぐらいといったほうがよろしいですね。つまり、私の3、4年上の入社年次の方々ということですが……会社の〝広告塔〟のように担ぎ出されて、結局は理想と現実のギャップに苦しみ、入社数年で結婚などを機に退職される方が多かったでしょ。そうした方々と私たちの女性総合職世代は違う。私たちから変えていかなければならない、ということなんです」

柔和な表情でワンフレーズ、一文の区切りでわずかな間を置き、こちらが理解できているかを確認するかのように話していく。質問のタイミングを計りやすく配慮してくれているようだった。

「少し上の入社年次の女性総合職の人たちと、具体的にどこが違うのでしょうか？」

「私たちは真の意味で、男女均等に与えられた職務を着実にこなし、実績を挙げていかなければならない。もう決して、〝広告塔〟に使われるようなことがあってはならないと思うのです。男たちが認めてくれないから、諦めて辞めてしまっては元も子もないでしょ。結果を出せば、男たちも必ず評価し、チャンスを与えてくれます。どんな努力も惜しまず頑張って、指導的地位に就いてみせます。それが後に続く総合職女性のロールモデルにもなると信じていますから。それから奥田さん、きっとお聞きになりたいでしょうから……結婚は、いずれしたいですけれど、今はお預けですね。うふっ」

鋭く明確に、少し年上の総合職女性の身の処し方と会社の問題点を指摘し、「男たち」という表現にも彼女が旧来の男性中心の企業文化を批判的に見てきたことがわかる。さも厳しい表情と口調だったのかと想像されるかもしれない。しかし、この内容を至ってしなやかに言ってのけたのだ。ポジティブな意味でのしたたかさに、新たな女性総合職像を見た気がしたのを今でもはっきりと覚えている。

「男並み」でない、「女性の強み」を生かして

定期的にインタビューを続け、35歳で商品企画部の係長、39歳で同部の課長と、有言実行で結果を出しながら順調に出世の階段を上っていく様子を追った。係長、課長いずれも社内の女性総合職の中では初の就任だった。

課長に昇進して間もなく、06年の取材では、装いは短めの丈の紺色のシングルジャケットという当時の女性の仕事着の流行を取り入れながらも、ボトムスは定番のタイトスカートではなく、フレアスカート。美容室でブローしたようなつややかなボブスタイルの髪の毛に、フェイスパウダーで仕上げたとみられる血色が良くてつや感のある肌、程よい光沢のリップグロスなど、細部にまで気を配っていた。

里中さんは職務の責任が増すのと比例するかのように、ファッションやヘアメークに凝り、可憐さに大人の女性の美しさが加わり、さらに美に磨きがかかっていく様子が見て取れた。

「仕事のチャンスが均等に与えられるようになってきたのは、女性にとってとてもラッキーです。でも、だからといって、職務の機会均等イコール、『男並み』に働くということではないと思うんです。女性にはきめ細かな気配りやコミュニケーション力など、男性より優れている能力があるでしょ。女性の強みを生かして、実績を積み上げていけばいいんじゃない

かと。こういう考え方は、会社にわずかに残っている総合職女性の先輩には陰で批判されているんでしょうね。男たちからも媚《こ》びを売っている、と酒の席とかで格好の非難材料にされているのが目に見えるようです。でもね、奥田さん、私、負けませんよ」

取材した06年は、翌07年に政府と経済界、労働界、地方公共団体の合意で「ワーク・ライフ・バランス憲章」が策定され、08年施行の労働契約法の条文に「仕事と生活の調和にも配慮しつつ」労働契約を結ぶという文言が盛り込まれるなど、政策としては仕事一辺倒から私生活とバランスの取れた働き方への変容が立案され始めた時期だった。だが、労働現場や社会の意識としては、総合職女性は男女雇用機会均等法施行以降、メディアで多用された「キャリアウーマン」、男と同様に「バリバリ働く女性」などと、ステレオタイプ化されて語られることが多かった。

そんな社会状況下で、「男並み」ではない、「女性の強み」を生かした実績の挙げ方という主張は新鮮だった。

ただ、話を聞く限り、順調に出世街道を歩んでいるものの、彼女のそこまでの自信の根拠は何なのか、少し疑問を抱いたのも事実だった。

結婚、出産について、どう考えているのか、未婚の里中さんに尋ねたかったのだが、39歳という年齢もあって、なかなか切り出せない。タイミングを見計らっていると、逆に彼女のほうからこう、明るいトーンで話してくれた。

「気を遣ってもらわなくていいですよ。結婚や出産についてでしょ？　もういいかな、と考えています。そういうのとは違う女性の生き方もあっていいと思いますから」

なぜだか、漠然とした疑問を抱いた。だが、この何気ない語りに、彼女自身が今後、苦悩に陥る要素が潜んでいたとは思いもよらなかった。

部下からの集団いじめを救った「恩人」

その後も里中さんは飛ぶ鳥を落とす勢いで実績を上げ、ついに45歳で男性を含めた総合職同期の先陣を切って部次長に昇進した。12年のことだ。

取材したのは、商品企画部から古巣の営業部に戻って部次長職に就いてから半年を経た13年。昇進の知らせをメールで受け取った直後からインタビューを申し込んでいたものの、職務の慌ただしさから先延ばしとなっていたのだが、この時は珍しく彼女のほうから、「お話ししてもいいですよ」と連絡をもらって取材が実現した。

鮮やかなブルーのボウタイブラウスに、紺のスカート・スーツ姿で、アイシャドーや口紅の色味を抑えつつ、以前は見られなかったまつ毛エクステ（人工まつ毛の装着）を施すなど、華やかさが増した印象を受けた。

「実は……部下たちから、思わぬいじめを受けてしまいまして……」

しばし、言葉に詰まる。いつものように、こちらが質問しやすい間を置くための沈黙ではなかった。予想していなかった内容にやや戸惑いながらも、発話を促す。

「つらいことをすみませんが、具体的に教えてもらってもいいですか?」

「同期の男性課長が先導して、部員たちが私を無視し、重要案件の情報を報告しないように仕向けたり、商談を私には知らせずに勝手に進めていたり……」

「それは、ひどいですね。どこか相談窓口に訴えたのですか?」

「いいえ。そんなことをしたら、私の指導力不足を問われ兼ねないでしょ。それが『男社会』の暗黙のルールだから……。同期の彼のやっかみから起こっている嫌がらせですし、私がハラスメントだと訴えたら、彼らの思うつぼです……。彼らは〝女を武器〟に出世したと私を批判の目で見ていますが……百歩譲って、女を使って何が悪いんですか? 酒の席に付き合って取引先幹部を誉《ほ》めそやして、こちらの仕事が有利に進むならいいじゃないですか。彼らだってゴルフやら、女性が接待する店やらで仕事を取ろうと必死なんですから」

里中さんが受けたような、協力を得なければ円滑に仕事を進めることが難しい、同じ部署内の集団による無視などの行為は、たとえ職務上の地位が下位であっても、パワハラに該当する。また、他部署など周囲の人が気づきにくい精神的暴力であることから、モラルハラスメント（モラハラ）ともいえるだろう。

状況は深刻なうえ、「女を使う」ことを容認するなど、あからさまな発言の割に里中さんは淡々と語っている。終盤になってようやく、彼女のほうから取材を受けてもよいと連絡をくれたのは他に何か、話したいことがあるためではないかと思えてきた。

でも、どう尋ねていいかわからない。考えあぐねていると、彼女の頬が心なしか紅潮しているように見えた。そうして、口火を切ったのは彼女だった。

「実は……とても信頼している、かつての上司がいまして……。仕事に対する考え方も実際の働きぶりも、ありのままの私を評価してくださっていて……。その方がいろいろとアドバイスしてくださり、動いてくださったお陰で、社内の相談窓口に訴えることもなく、堂々と課長はじめ部下たちのいじめに対処できたんです……。大切な恩人です」

そう言って、はにかんだ。彼女は恋をしている。そう直感した。「かつての上司」は既婚者なのだろうか。それまで13年間に及ぶ取材からも、不倫をするような女性には思えない。

プライベートなことをそれ以上、尋ねることはためらわれた。

結局、その商品企画部時代の上司で、現在は営業事業本部長兼執行役員である幹部が、里中さんの直属の上司である営業部長に注意し、厳格な対処を指示したことにより、パワハラ行為を先導した課長は譴責の懲戒処分を、他の部下たちは口頭での注意を受け、いじめ問題は収束したという。この顛末《てんまつ》を聞いて、インタビューを終える流れとなった。

あの時、彼女の「恋」について詳しく尋ねていれば、その後、彼女は窮地に追い込まれることはなかったのだろうか。今でも悔やむことがある。

恋する上司からの評価をやりがいに

この日の取材を境に、まるで自身の恋について悟られたことを察したかのように、里中さんは当たり障りのない仕事の日常を話すだけで、それまでは対面インタビューのほか、時折、電話や無料通信アプリ「ＬＩＮＥ（ライン）」でも明かしてくれていた仕事の成果も愚痴も一切、語ることなく、徐々に自分の殻に閉じこもっていくようだった。そのうち、仕事の多忙さや体調不良を理由にインタビューを拒否するようになり、やがて返信さえこなくなってしまう。

連絡自体、途絶えてしまってから3年余り経った20年の年末、自らのセクハラ告発を打ち明けた本章冒頭のシーンへとつながる。

取材が実現するまでの間、彼女の身に何か思わしくない出来事があったであろうことは察していた。それも、上司への想いが、何かしら関係しているのではないかということも。ただ、その上司をセクハラで訴えることにまでなっていたとは、全く予想だにしていなかった。

里中さんはこう、言葉を継いだ。

「好き、だったんです。いつしか尊敬の念を超えて、恋愛感情を抱いてしまっていました。あの人も、同じだった、はずなんです。でも……私の仕事ぶりを見守ってくれて、評価してくれさえ、すれば……私は、そ、それで、よかった。心がつながっている、そ、そんな気持ち、になれたから……そ、それなのに……あんなこと、するなんて、ひ、ひどい、です……」

最初は感情の表出を抑えていたものの、途中から再び、心奥深くに閉じ込めていた悲しみや切なさ、怒りを露わにするとまた言葉に詰まり、うなだれた。2、3分の沈黙の間、一度だけコートの両襟を片手で立てる動作をした以外、微動だにしない。服装に気を遣う人にしては珍しく、茶色のセーターにしわのいったベージュのワイドパンツ姿。心身ともに相当、疲弊している様子がうかがえた。

情動の激しさからして、かつて上司だった相手は恋愛、結婚はできない、既婚者だったのだろう。だが、彼女の発言からは、恋愛のもつれなどではなく、双方が自制心を働かせながら信頼関係を築いていたように聞こえる。「あんなこと」が起きるまでは。

「人を好きになる気持ちは止められないですからね……」

誰に言うともなく、つぶやいたこの言葉に、彼女が突如として反応する。

「奥田さん、わかってもらえますか？」

「ええ、もちろん。だから、その元上司の方への恋愛感情を抑えて仕事をするのは、つらかったでしょうね」

「…………」

「『心がつながっている』と話されたのは、信頼し合っていたということなんですね」

「……その通りです。あの人のことを好きになってからは、他の男性のことが見えなくなってしまって……結局、仕事だけに集中して、彼から評価されることを唯一のやりがいに頑張ってきました。それなのに……」

「復讐することでしか、生き残る道はない」

　里中さんは少しずつ落ち着きを取り戻していった。そうして、核心のセクハラ告発について経緯を説明してくれた。

「課長に強く推してくれ、部次長になった時も、部下からのいじめで困っていた時も、助けてくれた。『俺の力で必ず部長にする』と言ってくれていたんです。それなのに……営業部初の女性部長に1期下の他部署の女性がなったんです。噂《うわさ》ではその女性は創業者の親類で、彼は近く子会社の社長に就任するらしいと。彼に何度も連絡しましたが、一度も返信はありませんでした。子会社社長になる代わりに、彼女を部長に推したに違いありません。裏切られた気持ちで一杯になって……。周囲は手の平を返すように、私のことを『女を使ってのし上がってきたが、ここまでか』などと陰口を叩くようになり、男性部下から直接、『コネのほうがまし』と言われたこともありました」

　しかし、信頼し、愛していたその営業事業本部長の行為が、彼女にとっては「裏切り」であったとしても、なぜそれがセクハラ告発につながるのか。

「……それで、過去の、ある出来事、をセクハラ行為として訴えて、彼を子会社社長の座から引きずり下ろしてやろうと……。復讐《ふくしゅう》することでしか、職場で生き残る道はないと思ったんです」

一瞬、言いよどみそうになったが、すぐに冷静さを取りもどす。発言の内容も、抑揚のない話し方にも、怖さに近い感覚を覚えた。

「ある出来事」とは12年、部次長就任を2人で祝おうと、その元上司の男性から誘われて飲みに行った帰り道、いきなり抱きしめられてキスされたことだった。客観的に見て、それが里中さんへの恋愛感情からの行為だったのかどうかはわからない。ただ彼女にとっては感動的な出来事だったようで、屈辱的な営業部長人事が起こるまでは、「彼は私のことを愛してくれているに違いない」と、たびたび思い起こす貴い体験だったのだという。

18年に営業部長人事が発令されてから約2週間後、セクハラで訴えた時点であの出来事から6年が経過していたが、コンプライアンスを担当する部署はセクハラ事案として取り扱い、事情聴取を行った結果、本人はセクハラ行為を認め、1週間の出勤停止の懲戒処分を受けた。子会社への社長就任の話はなくなって役職を外され、この年、60歳で定年退職したという。

53歳で独身の里中さんは現在、商品企画部に移り、部次長を務めている。社内公募に応募した新規事業が採用され、部際的なプロジェクトのリーダーも兼務している。

21年春のインタビューでは、自身の仕事やセクハラ告発についてこう語った。

「自分なりのやり方で頑張ってきたつもりでしたが、結局は男性優位の企業文化に飲み込まれ、また私自身も〝女を武器〟に男からの評価を求めてきたということなのかもしれません。セクハラで訴えたのだって、『男社会』の中で置かれた女性の弱い立場を利用して、彼（元上司）に復讐し、職場で陰口を叩かれて危うくなった状況から活路を見出そうとした。悔やんでも悔やみきれません。残り少ないキャリア人生はせめて、悔いることなく、自分らしく働きたいものですが、さあどうでしょうか。うふっ」

ピンクベージュのスカート・スーツに黒のピン・ヒール姿に、トレンドの花柄のスカーフが胸元を彩る。明るい春の装いと、笑みもこぼれる穏やかな表情の彼女に、「復讐」を遂げた女性の面影はなかった。

2　女性上司が陥る〝女王蜂症候群〟

管理職に就いて「活躍の場を広げたい」

関西に本社のある中小の繊維卸売業の経理部に在籍する山口恵《やまぐちめぐみ》さん（仮名）を初めてインタビューしたのは、女性活躍推進法が成立した２０１５年のことだった。

翌16年から始まる行動計画の策定・公表は従業員300人以下の事業主は努力義務ながら、あまり報道されることのない中小企業での女性登用について話を聞くのが目的だった。

当時34歳の山口さんは学卒時が就職氷河期にあたり、百社近くも採用試験を受けたものの、正社員での内定を得られず、契約社員として今の会社に入社した。経理事務を3年担当した後、働きぶりが認められて正社員（総合職）に登用されてから8年、経理部で実績を積み上げ、管理職を目指しているという。契約社員の間に簿記やビジネス会計の資格を取得するなど、並々ならぬ努力を重ねてきたことは明白だった。

管理職を志す理由について、結婚への考えも含め、真剣な表情で語ってくれた。

「大企業に比べ、中小は総合職でも職種異動が少なく、専門性を高められるのが良いところで、自信もつきます。さらにスキルを高めて後進を指導し、活躍の場を広げていきたいのが、管理職になりたい理由です。2、3年前から少しずつ後輩にアドバイスしたりする経験を積んでいます。課長になるまでは結婚はお預けですね」

中小は企業規模で違いがあるが、山口さんが勤務する従業員の数が数十人規模であれば、管理職に占める女性の割合は、大企業を含めた平均値よりもやや高い傾向にある。

ただ、社内に女性の管理職は一人もおらず、経理部は山口さん以外は皆、男性だという。

何か不安はないのだろうか。質問すると、わずかに眉間にしわが寄る。

「そうですね……。男性の上司との関係は経験を積んできたので問題ありませんが、後輩、やがて部下になる男性に関してはまだ慣れていないので、うまく指導していけるのかと……。女性の部下だったらうまくいくと思うんですが。でも、頑張ります」

不安も織り込み済みで、管理職を志している姿は凛々《りり》しくも見えた。

課長昇進で「景色が変わった」

そうして19年春、山口さんは38歳で経理部の課長に昇進した。社内では、初の女性課長となり、男性の課長就任年齢からしても早いほうだった。

「景色がガラッと変わった気がします」

就任から5ヵ月ほど過ぎた頃のインタビューで、開口一番、熱い眼差しで語った言葉が強く印象に残っている。管理職を目指して地道に努力を重ねて実績を積んできただけに、喜びもひとしおのようだった。

「同じ職種でも、平社員と、指導的地位に就いて業務を行うのとでは大きく異なります。中小企業の課長ですので、プレーイングマネジャーとして実務もこなしながら、部下の育成や組織運営をしていくという点では業務が一気に増えて大変ではありますが、それだけ責任の度合い、つまり仕事の質も高くなって、やりがいは大きいですね」

以前、懸念していた男性部下との関係はどうなのか。単刀直入に聞いてみた。

「心配していたような問題はなく、後輩から部下へと関係性が変化しても、男性部下たちはしっかりとついてきてくれています。うまくいっていて、実はほっとしているんです。私のいる経理は専門性が高く、入社してすぐか、2、3年以内に配属されるケースがほとんど。転職組もいないので、ある程度固定したメンバーで苦楽を共にしてきたせいかもしれません」

女性管理職の数値目標を達成するため、十分な能力を備えていないにもかかわらず、管理職に就かせる〝数合わせ〟の女性登用によって妥配を振れないケースや、パワハラ行為に及ぶなどの深刻な問題を取材していたこともあり、山口さんのように専門性を磨きつつ、後進を指導する経験も積んできた女性が管理職になるケースはまさに模範例のように、この時の取材では思えた。

「あっ、でも……いえ……」言葉を継ごうとして、言いよどむ。

「何かほかに不安材料でもあるのですか？」

「いいえ、そういうわけではないんですが……今度、女性が異動してくるんです。新たなメンバーが加わるのは久しぶりだし、30歳近くになって初めての経理なので指導がそこそこ大変かなと、ふと思ったものですから」

控え目に明かした経理未経験の女性社員の異動が、後に自身を苦境に立たせることになろうとは、この時点では思いもよらなかっただろう。

「つい感情的に……」女性部下へパワハラ

この数ヵ月後からコロナ禍に見舞われたこともあり、課長として多忙を極める山口さんに電話やオンラインでのやりとりであっても、インタビューをお願いするのはためらわれた。近況を尋ねたメールへの返信も途絶え、1年余りが過ぎた頃だった。

「パワハラで訴えられてしまいました」――。

2回目の緊急事態宣言の延長が決まってしばらく経った21年の早春、やっと届いた彼女からのメールの内容に目を疑った。詳細は書かれていなかったが、部下との関係がうまくいかず、パワハラであると人事部の相談窓口に訴えられ、経理部員たちへのヒヤリングの結果、パワハラと認められたという。1週間後、面会取材が実現した。

週末の昼過ぎ。取材場所の喫茶店に現れた山口さんはマスクをつけていても顔色が悪いことは明らかで、うつむき加減で背中を丸めて席に着く。それまでの凛とした態度はすっかり影を潜めていた。

「大変でしたね」

「…………」

「ゆっくりで結構ですので、少しずつでもお話ししてもらえますか？」

「……ちから、ぶ、そく……」

「えっ、何とおっしゃいましたか？」

「やはり、私では力不足だった、のだと、思います。課長になるには……。だから、パワハラなんて起こすことになったのだと……」

「でも、当初心配されていた男性の部下の人たちとはうまくいっていると、おっしゃっていましたよね？」

「その通りです、男性部下とは。私をパワハラで訴えたのは、女性の部下なんです」

ここで初めて、女性からの訴えであったことを知る。

「これまで女性の上司はもちろん、女性の後輩、部下と一緒に仕事をした経験がなかったので、どう指導していいのか、わからなくて……。経理は未経験でまだ全然、役に立っていないのに、生意気なところがあって……。男性の部下には冷静に対応できるのに、女性の部下が言うことを聞かないと許せなくて、つい感情的になってしまいました。気づいたら、パワハラ行為になっていたようで……」

山口さんをパワハラで訴えたのは、入社7年目の29歳で、2歳の長男を子育て中の女性社員。人事部から異動してきて2ヵ月後のことで、山口さんは課長に昇進してから8ヵ月が経過した頃だった。業務の直接の指導は他の部下に任せていたが、その女性部下の単純ミスを経理部の皆が着席している場で大声で叱ったり、残務を他の部員に任せ、育児中の短時間勤務で引き揚げようとするのを無理やり引き留めて仕事をさせたりしたことが、問題になったという。

「女の敵は女」という落とし穴

女性上司が、男性よりも女性の部下に手厳しく対応する現象は「女王蜂症候群」と呼ばれる。米国・ミシガン大学の3人の心理学者、グラハム・ステインズ、トビー・エプスタイン、キャロル・タブリスが1973年に発表した論文で初めて登場した言葉・概念で、70年代後半にかけて欧米で話題となった。男性優位社会で努力して指導的地位に就いて成功した女性ほど、そのポジションに固執し、自分より職場で下位にあり、かつ有能な女性を、自身の地位を脅かす存在、すなわち「敵」とみなす。指導して助けるどころか、足を引っ張って昇進を妨害するという。女王蜂が、ライバルとなるメスと敵対する習性からそう名付けられた。「女王蜂症候群」に関する論文が世に出た時期は、ウーマン・リブ（女性解放運動）が米国から世界へと広がった時期とも重なり、欧米では女性の社会進出に伴って表面化した問題だった。日本ではようやく、国の「女性活躍」政策の推進も相まって、女性管理職と女性部下という従来にはほとんどなかった職場の人間関係が生まれたことで、「女王蜂」問題が水面下で広がりつつあることを取材を通して目の当たりにした。この問題が可視化されにくいのは、「女性は同性同士の上下関係で問題を起こしやすい」といった男性管理職らによるジェンダー・バイアスが存在しているためである。欧米がそうであったように、経験を重ねながら、働く者と雇用する側がともに乗り越えていくしかないのだ。

山口さんのケースに話を戻すと、女性部下との関係の悪化にはライフスタイルの違いも影響していたようだ。

「私は仕事を優先して、結婚も出産も諦めざるを得なかったのに、彼女（女性部下）はいずれも手に入れ、さらに管理職まで目指そうとしていて……。そんな女性の生き方が称賛される世の中になって、自分はその理想像から外れている。どうしても、憤りを抑えられなかったんです」

パワハラと認定され、譴責の懲戒処分を受けた直後、自ら降格を申し出た。現在は、総務部に役職なしで在籍している。

「パワハラで訴えられたことがトラウマとなり、上に立つ仕事をするのが恐ろしくなってしまいました。『男社会』で必死に頑張って、やっと手に入れたポストだったのに、女性部下への対応で失敗するなんて……。自分の過失ではありますが、『女の敵は女』ってこういうことを言うんでしょうか……」

山口さんは経験とスキルがあり、課長としての一定の能力を備えていたと考えられる。思わぬ落とし穴が、彼女のいう「女の敵は女」だったのかもしれない。

3　癒し求めた男性部下からの告発

「男社会」に操られて泣き寝入り

男女雇用機会均等法施行により、男女労働者へのセクハラ防止対策が雇用主に義務付けられた2007年、不動産販売会社に入社し、東北の営業所に配属された高橋智美《たかはしともみ》さん（仮名、当時23歳）はこの数ヵ月を振り返り、強い口調で訴えた。

「1989年に日本で初めて職場でのセクハラを争点にした裁判が起こされてから20年近く経つのに、依然としてセクハラは後を絶たない。男女雇用機会均等、男女共同参画などと言葉だけは高尚ですが、法律で対策が義務化されても、実際には職場は依然として『男社会』のまま。やはり私たち女性が指導的地位について、社内の男性の意識を変えていくしかないんです」

まるで選挙演説で聴衆を鼓舞するかのような表情、身振りで男性中心の企業文化がセクハラの温床になっていると毅然《きぜん》とした態度で主張する姿に、圧倒されたのを思い出す。高橋さんのような女性がやがて、セクハラのない職場を率先してつくり上げていくのではないか。そんな期待を抱かせてくれた出会いだった。

しかし、5年後の12年、28歳になり、いまだ東京本社への異動が叶わず、東北の営業所に勤務していた高橋さんがインタビューで懸命に訴えたのは、セクハラ被害者としての窮状だった。それは、11年の東日本大震災から半年過ぎた頃のこと。人的な被害は免れたものの、多数の住宅物件が破損するなどして業績は悪化し、社員が張り詰めた状態で業務にあたっていた時だった。

「年配の営業所長が仕事終わりの飲み会で、震災の悲惨な状況を乗り越えられたのは『昔馴《な》染《じ》みのスナックのママと、キャバクラで出会ったピチピチギャルが、性欲を思う存分満たしてくれたお陰』なんて、営業所員みんなの前で、いえ、特に隣に座っていた私に向かって言うんです。それも、脂ぎった顔を間近に近づけてきて……。もう吐き気がして、トイレに立ったまま、その夜は逃げました。でも、その後も同じようなことを繰り返し、仕事場でも下ネタを私に言ってくるようになって……」

あの夜の悪夢がよみがえったのか、やや顔を伏せて目を閉じ、しばし言葉を失う。

「それはつらかったですね。どこか、セクハラ相談窓口にでも訴えたのですか？」

「………」

彼女なら正々堂々と訴えるはず、という思い込みによる質問であったことに気づいた時にはもう遅かった。彼女は頬を紅潮させ、声を震わせて泣き出していた。心の奥底にたまっていた怒りや悔しさ、悲しさなどあらゆる負の感情を抑え切れなくなったようだった。力を振り絞って語った内容から、彼女の抱えるジレンマを知る。

「そんなこと、できません……訴えたら、干されてしまって、この先、昇進の機会が、絶たれてしまいます。わかって、いるん、です。そんな、泣き寝入りなんてしたら、ダメなこと。『男社会』に操られるだけ、だって。でも、しょうがないん、です……」

ここまで言い終えると、気が抜けたように首《こうべ》を垂れた。

「男に寝返った」とは思わないで

上司からのセクハラに耐えながら実績を積み上げ、翌13年、高橋さんは入社以来志望していた東京本社の不動産の売買仲介を担当する営業部に異動となった。そしてその3年後の16年、32歳で係長に昇進し、着実に出世の道を歩み始める。

係長に就いてから数ヵ月後のインタビューで、高橋さんはいつになく表情が明るかった。昇進の喜びだけでなく、何かを面白がっているようにも見えた。

理由を尋ねると、こう話してくれた。

「昔、セクハラを受けた上司が今、定年後の再雇用で私の部署にいるんです。それがエクセルやワードもろくに操作できなくて……本人の耳元で小さい声で『使えないですね』って、言ってやりましたよ。ささやかな逆襲です。あっ、はっ、ははは……」

だが、彼女の本意は、かつてセクハラを受けた上司の惨めな姿をただあざ笑うことではなかった。それまでと打って変わった鋭い表情で続けた。

「奥田さん、我慢できることは必死に我慢して、うまく立ち回りながら実績をアピールして上に立つのが、女が『男社会』の職場を生き抜くには一番手っ取り早いんですよ。若い頃は私もきれいごとを言っていましたけれど……。こんな私を『男に寝返った』なんて思わないでくださいね。うっ、ふっ……」

今度は勝ち誇ったような笑いを満面に湛《たた》えて。それまでとは180度異なる一面を見た気がした。

「出世して男の意識を変えたい」

19年春、高橋さんは35歳で念願の課長に就任する。同期入社の中では、初の女性課長で、男性を含めても早い昇進だった。20歳代後半で上司からのセクハラを受け、女性が仕事で活躍していくための理想と現実のギャップを身をもって体験したことから、彼女なりに編み出した「男社会を生き抜く」処世術が功を奏したのかもしれない。

「指導的地位に就き、ポストも上位になるほど当然、社内での発言力は増しますし、やりがいを感じています。セクハラも若い時の上司からのなんて序の口で、取引先の人から卑猥《ひわい》な言葉を投げかけられたり、体を触られたり、悪質なものもいろいろと経験してきたんですよ。『営業だったら、女を使ってきたんだろ』なんて、社内外での偏見も強かった。でも何とか切り抜けて、実力で勝負してきたつもりです。『小を捨てて大に就く』とでもいうか……。ああ、セクハラを『小』といったら女性に怒られますね。う、ふっ。でも、もっと出世して上の立場から、男たちの意識を変えたい思いはずっと変わらない。そのためにこれまで苦労してきたんですから……」

課長昇進から3ヵ月ほど過ぎた頃のインタビューでは、意気揚々として笑い声を交えながら、また時に真剣な表情で語る彼女を頼もしく感じた。ただ、気負いの大きさからか、肩に力が入り過ぎているようにも見えた。

「ストレスも多いと思いますが、大丈夫ですか？」

勢いに水を差すようだったが、ストレートに尋ねた。

「そりゃ、大変ですよ。責任も重くなるし、いつ失敗するかって、私に先に課長ポストを取られた同期や入社年次の近い社員たちは手ぐすね引いて待っていますからね。でも……大丈夫。ええ、きっと大丈夫ですよ……」

そう自身に言い聞かせるように話すと、赤みがかったベージュ色のジェルネイルが施された両手の指先を胸の前で交差するように重ねて、微笑《ほほえ》みを浮かべた。その時、初めて彼女の外見の変化に気づく。彼女が語る熱い思いに押され、見落としていたのだ。それまで濃いめの色のネイルをしているのは見たことがなかった。

「ネイルって、メークや髪と違って、鏡なしでも自分で確認できるおしゃれなんですよ。この色が似あうって言われたんで……」

仕事への意気込みとは一変し、「女性」が垣間《かいま》見えた。この時は彼氏のことでも言っているのかと思い、それ以上詳しく質問することは差し控えた。

「女の弱さ」を認められていれば……

ネイルについて語った時、高橋さんがすでに上司として逸脱した行為に及んでいたことを知るのは、あの取材から1年半後のこと。

高橋さんは19年冬、20歳代後半の男性部下からセクハラで訴えられたのだ。20年冬、オンライン取材でこう説明してくれた。

「自信を持って仕事をしているように振舞っていましたが、本当は課長として強いストレスを感じ、独りでプレッシャーに押しつぶされそうだったんです。そんな時、彼（セクハラで自分を訴えた男性部下）はいつも、『大丈夫ですか？』『僕にできることなら何でもしますから』などと優しく言って私を助けてくれて……。いつしか、彼は私に好意を抱いてくれているんじゃないか、と思ってしまっていました。それで……仕事終わりに私から2人だけの食事に誘って……。最初の1、2回は応じてくれていたんですが、そのうち断るようになったので、もう私から気が離れたのかと不安になって、彼の私有携帯にたびたび連絡してしまって……」

セクハラ告発から1年が経ち、ある程度気持ちの整理がついていたのだろうか。時々、言葉に詰まりながらも、取り乱した様子はなかった。ここまでは。

「どうして、そのようなことになったと思いますか？」

この質問が、彼女が必死にこらえていた感情を刺激したようだった。みるみるうちに表情が曇るのが、パソコン画面越しにもはっきりとわかった。1、2分の沈黙の後、悲痛な面持ちでこう胸の内を明かした。

「癒し、だったんです。彼は、私にとって……。後から彼は同性愛者だったことを知りました。私がセクハラを受けた時と同じように、周りの偏見に苦しんでいたのだと思います。それなのに……」

高橋さんはこのセクハラ案件で戒告の懲戒処分を受け、近畿地方の営業所に課長のまま異動となった。感情の昂りが治まるのを待って、改めて振り返ってもらった。

「自分がセクハラの加害者になるなんて夢にも思いませんでしたが、『男社会』を生き抜くために、男の上司と正々堂々と闘うこともできず……結局は、部下の男性を頼ってしまったということなんでしょうか……」

大学時代から10年余り交際した男性から、課長に昇進する2年前にプロポーズされたが、仕事優先の生活に対して十分な理解を得られず、自分から断ったのだという。

「私生活にも目を向ける余裕があれば……。仕事で活躍する機会をもらうため、『男社会』の価値観を無理して受け入れるのではなく、自分の女としての本来の弱さを認めることができていれば……。後悔もありますが、負け切ったわけじゃない。あっ、こう言うとまだ『男社会』に毒されているみたいですね。うーん、何というか……これまでとは違う、自分なりの働き方を見つけていきたい。まだ間に合うんじゃないか、と考えるようにしています」

そう言うと、視線を斜め上に移し、片方の手のひらを胸の上部に軽く当てた。

4 「男社会」を引きずる女たちの葛藤

「活躍」と格差の狭間で

本章冒頭でも述べた通り、改正を重ねる男女雇用機会均等法や育児・介護休業法のほか、女性活躍推進法が施行されるなど、一見、女性は「平等」への道を突き進んでいるようである。だが、それはあくまでも法制度上のことであって、実社会ではさまざまな男女格差が存在し、女性たちを苦しめている。そして、女性の苦悩と葛藤の背景にあるのが、ジェンダー不平等に多大な影響を及ぼしてきた「男社会」の価値観なのである。

本章では「男社会」を嫌悪しながらも、職場で自身の存在価値を高め、さらなる活躍の機会を得るという目的を達成するための手段として、男性主導の旧態依然としたルールを甘んじて受け入れざるを得なかった女性たちの事例を紹介した。彼女たちは、自ら〝女を武器〟にセクハラの「被害者」として生き残りを図り、また女であるがゆえにパワハラ、セクハラ行為に及んでしまう。自ら「平等」とは相反する帰結を招いてしまっていたのだ。

事例にもあるように、女性がパワハラ、セクハラ行為を行うケースは、女性の管理職登用が少しずつでも増えるのと比例するかのように、増加傾向にある。性別にかかわらず、管理職として防止に努めなければならないのは当然だが、マネジメント、部下の人材育成などの経験不足に起因している面も大きいだろう。

第2章でも触れたが、労働政策研究・研修機構が2016年に公表した「妊娠等を理由とする不利益取扱い及びセクシュアルハラスメントに関する実態調査」（全国の民間企業に勤める25～44歳の女性対象。有効回答数4654人）によると、女性に対するセクハラ加害者は男性が69・0％に対し、女性も14・5％を占めていた（無回答・「わからない」は16・5％）。女性が加害者のケースでセクハラの内容は、「結婚、子どもの有無など私生活に関わることについて必要以上に質問された、話題にされた」（28・2％）、「容姿や年齢、身体的特徴について話題にされた」（22・0％）、「『女には仕事を任せられない』などと発言された」（13・8％）が上位を占めた。一方、男性が加害者のケースでは、「性的な話や質問をされた」が80・0％と突出して多かった（複数回答可）（図5）。

また、リクルートワークス研究所の「全国就業実態パネル調査2020」（全国の15歳以上の男女対象）のうち、20年から追加されたハラスメントに関する項目（有効回答数4091人）では、この1年間にセクハラを受けた男性は7・3％で、女性（20・3％）の3分の

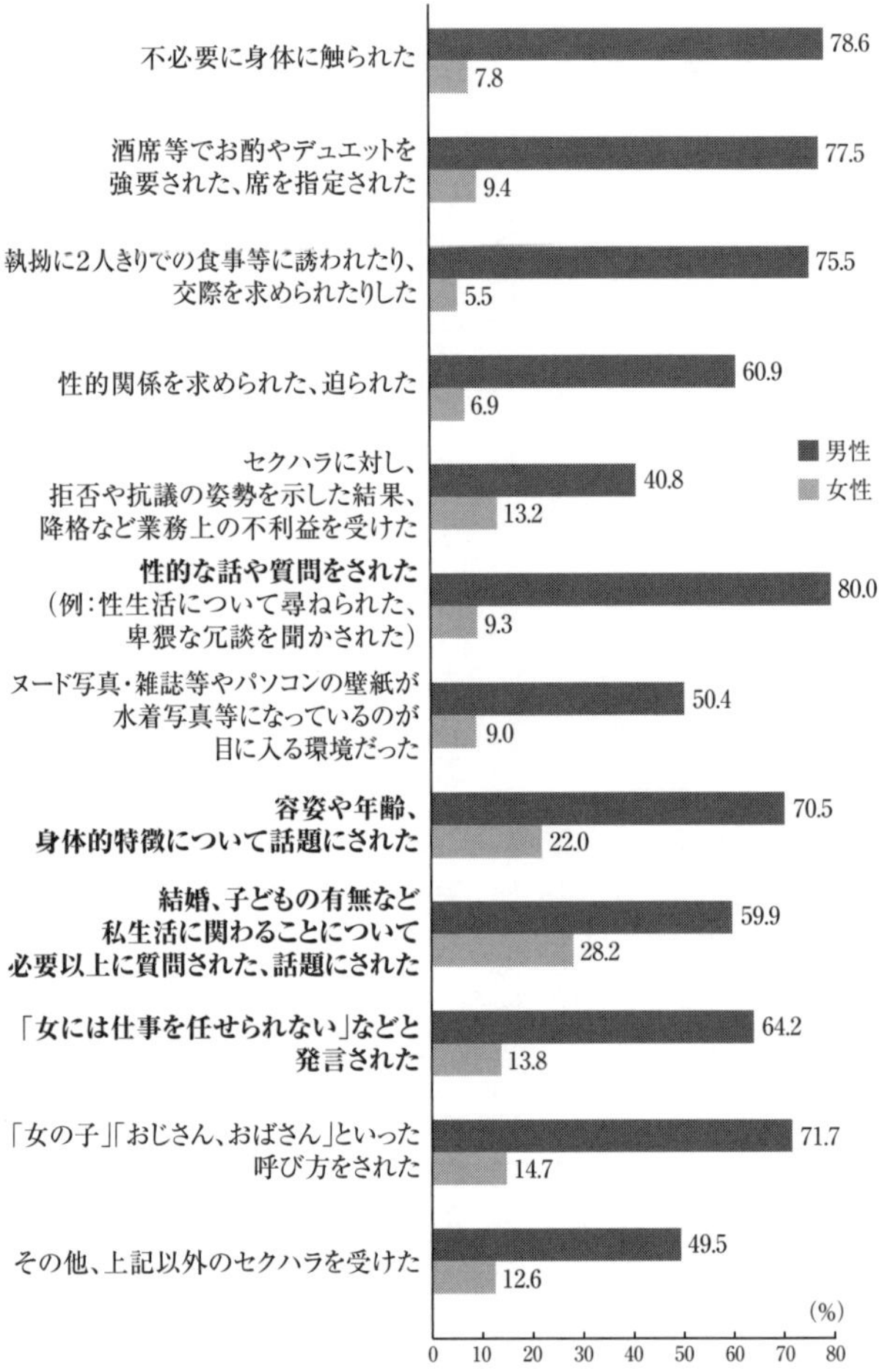

図5 加害者の男女別のセクハラ内容（複数回答可）

出典：労働政策研究・研修機構「妊娠等を理由とする不利益取扱い及びセクシュアルハラスメントに関する実態調査」（2016年）

1であるものの、セクハラの男性被害者が一定割合いることが浮き彫りとなった。

ミソジニーと闘い続けるしかない

女性たちのジレンマの解消をより難しくしているのが、女性間の対立構造である。例えば、男性と同等の働き方を志向する女性と、女性の特性を生かして企業社会を生き抜く女性。仕事を続けるために結婚・出産など私的領域を犠牲にしてきた女性と、両立支援策を活用して私的領域を重視して就業継続を図る女性――などそれぞれのタイプは一様ではなく、対立する女性同士の関係性も立場が同じまたは近いライバル関係もあれば、先述した「女王蜂症候群」に見られるような上司・部下、先輩・後輩などの上下関係もある。このような対立構造が女性全体をまとまりにくくし、男性主導の企業社会に対抗できず、結果、女性を不利な立場に追い込んでいるともいえる。皮肉なのは、一枚岩ではないにもかかわらず、女性の多くが男性からの評価を得るための争いに陥ってしまっていることだ。

さらに近年の「女性活躍」推進の潮流は、本来は多様性が受容されるべき女性の生き方について、子育てしながら働き、さらに指導的地位に就いて活躍するという、一つの規範を押しつけ兼ねない状況だ。少なくとも、規範の強要と捉えている女性が多いことをインタビューを通して痛感してきた。出産前に就業していた女性の半数（46・9％）が第一子出産後に離職している実態（「第15回出生動向基本調査」より。16年、国立社会保障・人口問題研究所公表）は、仕事と家庭の両立を望みながらも難しく、やむを得ず家庭に入っているケースだけでなく、自ら家事、育児などに専念する道を選んでいるケースもあることを物語っている。「女性活躍」政策は、女性たちに大きなプレッシャーともなっているのである。

事例で紹介した山口さんが、女性部下へのパワハラ行為に至った背景にも、女性の生き方に対する社会、他者からのジェンダー規範の押しつけがあった。子育てしながら働き、管理職を目指す女性部下に対し、仕事のために「結婚も出産も諦めざるを得なかった」自身を規範に沿えていない〝逸脱者〟と捉え、苦しんでいたからである。

社会学者の上野千鶴子は、著書『女ぎらい　ニッポンのミソジニー』で、男性中心社会において女性がミソジニー（女性や女らしさに対する嫌悪や蔑視《べっし》）を自己嫌悪として経験しないで済む方法として、「自分を女の『例外』として扱い、自分以外の女を『他者化』することで、ミソジニーを転嫁すること」と指摘している（上野２０１０：２２５頁）。

しかし、実際には、同性として他の女性が職場で弱い立場に追いやられているのを目にするのは気持ちの良いものではない。ミソジニーの転嫁は容易なことではないのだ。本章の三つの事例が意図的か否かは別として、結果的に女性の特性がネガティブに作用してしまったプロセスにおいて、自身に内在する「自己嫌悪」が何かしら影響を与えていたように思えてならない。女性たちは己の中に居座るミソジニーを受け入れ、闘い続けていくしかないのではないだろうか。

第4章

モラハラで家庭喪失

1 〝職場化する家庭〟の末路

深刻な加害者意識の低さ

言葉や態度による嫌がらせを繰り返し、相手に不安や苦痛などを与える精神的暴力である「モラルハラスメント（モラハラ）」という言葉・概念が１９９８年、フランスの精神科医であるマリー＝フランス・イルゴイエンヌによって定義づけられてから20年余り。パワハラやセクハラが事業主に防止対策が義務化され、広く認知されるようになったのに対し、モラハラは可視化されにくく、特に、私的領域である家庭におけるモラハラは社会問題として認識されにくいハラスメントである。

何よりも深刻なのは、家庭内でのモラハラ行為者は加害者意識が低い、つまり、無自覚、無意識のうちに行為に及んでいるケースが非常に多いということだ。そしてその心理には、職場のパワーゲームを勝ち抜いて社会的評価を受け、経済的・精神的支柱として妻子に敬われなければならないといった旧来の固定的な「男らしさ」規範が深く根を下ろしている。これは、繰り返し述べてきた旧態依然とした「男社会」の価値観が、家庭にまで持ち込まれていることを意味する。

働く妻を応援し、ともに家事、育児を分担してきたある男性は、妻が職場で実績を積んで出世の階段を上っていく過程で一転、〝モラハラ夫〟と化し、悲惨な結末を迎えてしまう。

また、仕事人間で家庭を顧みてこなかった男性はある日突如として、妻からの反撃に遭うことになる。「妻子のために」仕事ひと筋に歩んできた人生が定年を機に、思いもよらない危機的な状況に追い込まれたケースもある。

本章では男たちが家庭でのモラハラ行為に及び、痛ましい末路をたどったケースを紹介し、その真相に肉薄する。

〝逆DV〟は「僕がモラハラ夫だったから」

２０２０年の年末、４年ぶりの取材にオンラインで応じてくれた田中徹《たなかとおる》さん（仮名、47歳）は青ざめてうなだれ、込み上げる感情を必死にこらえながら、たどたどしい口調で語り始めた。

「じ、実は……ＤＶ（ドメスティック・バイオレンス）、なん、です……」

「奥さんに手を上げた、ということですか？」

「いえ……そ、そのー、逆で……。妻から……暴力を、受けてしまいまして……」

　この間に何があったのか。尋ねた質問に対し、そう答えている時も、うつむいたまま、一切視線を合わせることなく、怯《おび》えたような表情を見せているのがパソコン画面からもはっきりとわかった。

　コロナ禍でのＤＶ増加が指摘されるかなり前から、妻から夫へのＤＶ事例を、もはや〝逆ＤＶ〟という言葉は通用しないほど数多く取材していた。ＤＶ被害者の男性は、加害者にも増して、惨めさや情けなさを内に秘めているケースが多い。慎重に言葉を選ばなくてはと言い聞かせ、質問する。

「どうして、そのようなことになってしまったと思われますか？」

　顔面のこわばりが弱まったのを見計らって、尋ねてみた。

「僕がモラハラ夫だった、からです……」

　全く予期せぬ答えだった。動揺を隠し切れた自信はない。

「えっ、モラハラ……つまり、モラルハラスメントということですか？」

「その通り、です」

　そう言うと、田中さんは突如として顔を上げ、説明を始めた。恐れおののくような表情はすっかり鳴りを潜めていた。

「僕はイクメンでも、妻の活躍を応援する良き夫でもない。奥田さんと出会ったあの頃とはもう、違うんです」――。

田中さんはどのようにして、〝モラハラ夫〟と化してしまったのか。20年近くに及ぶ定点観測取材から彼の人生の一端をたどることで、その背景や妻との複雑怪奇な心理戦、対人的相互作用について解明してみたい。

「父親講座」で不安解消

田中さんとの出会いは、02年にさかのぼる。当時、男性の育休取得率は0・33％と1％にも満たず、「イクメン」という言葉・概念が登場する5年以上前。自治体の男女共同参画センターが主催した、当時としては先駆的な取り組みである「父親講座」を取材した時のことだった。

乳児と就学前の幼児を持つ父親を対象に、わが子への接し方や父親としての心構えなどを学び、父親の育児参加を促すものだった。当時29歳の田中さんは、結婚してまだ2ヵ月で父親予備軍だったが、希望者が定員を大きく下回っていたため、特別に参加を認められたという。新米パパが中心の中、講義後の質疑応答では積極的に2度、3度と繰り返し質問するなど、父親としての子育てへの関心の高さがうかがえ、改めてインタビューをお願いしたのが始まりだった。

北海道出身で、東京の有名私立大学大学院の理工学研究科修士課程を修了後、電機メーカーに入社し、当時、北関東にある工場で機械エンジニアを務めていた。中部地方出身の妻は同じ大学のサークルの2年後輩で、人材総合サービス会社の東京本社に勤務する。互いの勤務地が離れているため、埼玉県に居を構え、田中さんは新幹線通勤しているという。

「父親講座」に参加した理由、そして父親になった時の子育てへの関わり方について尋ねると、意気揚々としてこう話した。

「父親になるのがとても楽しみです。でも……正直、不安もあるんです。母親はわが子とは出産する前から10ヵ月もお腹の中で一緒ですけれど、父親、つまり近い将来の僕は、産まれて初めて対面するわけですから……。僕の父親は会社人間で忙しく、遊んでもらった記憶がないんです。見習える父親像がないだけに、本や雑誌を読んだり、父親講座に参加したりして少しでも不安を解消して、心の準備をしているという感じでしょうか……」

取材ノートには、「父親としての前向きな不安」「新たな父親像に期待」と他の文字よりも大きく書かれ、フレーズの下に赤線が引いてある。育児に積極的に関与しようとする男性の存在は当時貴重で、新鮮に思えた。

「パパサークル」でも明かせない悩み

翌年、田中さんは30歳で男子の父親になった。「日々成長していく息子を目の当たりにして、この世で一番大切な存在に巡り会えた感動でいっぱい」などと、父親としての喜びを語ってくれた。一方で、夫婦ともに地方出身で、自宅近くに親、きょうだいはいない。急な発熱などで保育所に息子を引き取りに行かなければならない時など不測の事態には、「夫婦間で多少、衝突することもある」とだけ明かした。

そして、長男が2歳になった05年、田中さんはかつて参加した自治体の「父親講座」で知り合った男性や、仕事関係、学生時代の友人で幼い子どもを持つ男性たちとともに定期的に集まり、酒を酌み交わしながら子育ての話をして交流を深める活動を始める。このようなパパサークルはその後、少しずつながら各地で広がりを見せているが、田中さんの活動はその先駆けだった。

パパサークルの活動は端からは波に乗っているように見えたのだが、06年のインタビューで田中さんは眉をひそめ、本音を打ち明けてくれた。

「みんな、わが子の子育ての楽しさや充実感を語る一方で、悩みや愚痴などネガティブな部分は努めて話さないようにしているようで……。もともと僕自身、妻にはなかなか言えない、父親としての不安や戸惑いなどを一緒に乗り越えていきたいと思っていたんですが……やっぱり、男同士というのはなかなか難しいものですね」

長男が生まれてから初めて明かしてくれた、父親としての不安の吐露《とろ》であったと記憶している。

妻に認めてもらうための〝仮面イクメン〟

それからというもの、田中さんの父親としての苦悩は増す一方だった。北関東の工場から東京本社勤務となり、都内に転居して通勤時間は短くなったものの、主任に昇格して仕事量が増えたため、帰宅時刻は以前よりも遅くなっているという。次第に父親としての悩みの要因は、単に保育所に通う長男の世話をしたり、遊んだりして、ともに過ごす時間が十分に取れないことだけではないように思えてきた。と同時に、それまでは時折触れていた、妻の仕事や育児の様子などについて自分から話すことがなくなり、尋ねても言葉少なに返すだけになったのが気がかりでもあった。

こちらが想像だにしていなかった、複雑な心情を語ってくれたのは09年のこと。厚生労働省が、男性の育児参加と育休取得促進を目的とした「イクメンプロジェクト」を発足させる前年だった。育児に積極的に関わって子どもとの時間を楽しむ男性という意味の「イクメン」という言葉・概念は、まだ一般にはそれほど浸透していなかった時期なのだが、当時36歳の田中さんは敢えてこの言葉を使い、視線を取材場所のコーヒーショップのテーブル上に落としたまま、淡々とした表情でこう打ち明けた。

「僕は、イクメンの振りをしているだけなんです」――。

「イクメン」と、幼い子どものいる当事者から聞いたのはこの時が初めてなうえに、「振り」をしていたという告白に、思わず質問の言葉に詰まる。田中さんもそう言ったきり、言葉を続ける気配はない。どうインタビューを展開していけばいいのか、考えを巡らせていたその時、彼が静かに語り始めた。

「父親として息子の成長を見守り、子育てを楽しみたいという思いとともに、家事・育児を分担して仕事を頑張っている妻を応援したいとも考えてきました。ただ……妻が、仕事で能力を、発揮して、頑張れば頑張るほど……そのー、何というか……」

努めて冷静に話し続けていたのだが、妻の話になると急に言葉が途切れ途切れになる。押し殺していた感情を抑え切れなくなったように見えた。

沈黙が再び訪れる。育児そのものよりも、自身の仕事も含めた、妻との関係が影響しているのではないかと直感した。気を損ねるかもしれないが、尋ねてみるしかない。

「奥さんの仕事での活躍と、ご自身を比較されて、ということなのでしょうか？」

案の定、田中さんは眉間にしわを寄せた。だが、言葉を詰まらせることはなかった。

「そうですね。僕はたくさんの仕事をこなして会社に貢献しても、上司からは何の評価もされない。同期の中には実績を挙げ、課長に昇進した奴もいるんです。妻は……以前のように僕に仕事の愚痴をこぼして、アドバイスを求めるようなこともなくなった。もう僕を頼る必要がなくなったんですね」

「でも、それがどうして、イクメンの振りをすることになってしまったのですか？」

「僕の男としての価値、父親としての存在を妻に認めてほしかった。妻は僕が仕事でパッとしないのはわかっていますから……せめて、イクメンを演じるというか、育児を楽しむ父親の仮面をかぶることで……」

だが、田中さんは実際に育児に積極的に関わり、妻の負担を軽減し、仕事に打ち込みやすい環境をつくってきたはずだ。なぜ、〝仮面イクメン〟を続けなければならないのか。

「妻のほうが子どもと接する時間は長いし、息子もなついています。でも、それは僕のせいじゃない。会社が女性の仕事と育児の両立には理解があっても、男性が子育てのために仕事を早く切り上げたりすることにはまだまだ厳しいからなんです……。でも、妻はそんなことはわかっちゃいない。僕には子育てへの関与を感謝するどころか、『もっと（子育てに）協力して』が口癖です。だから、その……今、はやりのイクメンを頑張っている、少なくとも努力している、と妻には受け止めてもらいたかったんです……」

ここまで言い終えると、口をつけていなかったコップの水を一気に飲み干した。

夫婦の溝がなおいっそう深まり、やがて危機的な状況を迎えることになろうとは、その時、田中さん自身も思っていなかったのではないだろうか。

妻の出世で敗北感

女性活躍推進法が成立、一部施行された15年、田中さんの妻は40歳で課長に昇進した。同期入社の男性から2、3年遅れはしたものの、子育てと両立させながら管理職ポストに就くことを諦めずに地道に努力を重ね、実績を挙げてきたことが評価されての昇進だった。育児休業を10ヵ月間取得した後、3歳未満の子どもを養育する労働者に認められている短時間勤務制度の利用を申請することなく、子どもが就学前まで可能な時間外労働の制限も1年に抑えるなどして極力、会社の両立支援策の配慮を享受することを控え、自身のキャリア形成にとってハンデとならないようにしてきた——。

妻の仕事に関するこの情報を知るのは、16年に当時43歳の田中さんにインタビューした時だった。ここまで詳しく妻のことについて話したのは久しぶりだったが、彼にはそうせざるを得ない事情があった。自らの苦悩の根源が妻の出世にあったからだ。

「妻に負けた、という敗北感が、妻の課長昇進によって僕の中で決定的になったんです。僕はまだ管理職になれていないですから。妻のほうが僕よりも仕事の能力があるということには、10年以上前から気づいていたんですが……実際に出世を見せつけられてしまうと……。僕だって育児に関わらずに仕事に専念していたら、今よりはもっと仕事で評価されたんじゃないかと思うと悔しいですし、実際に出世街道を歩んでいたら子供の世話をする余裕なんてなかったわけですから。それにー、あっ、いや……」

田中さんは何か重要なことを打ち明けようとして、言葉を呑み込んだように見えた。中年男性への取材では、開始当初はネガティブな感情の表出を努めて抑えようとする傾向が強い。だが、田中さんはその苦しみの深さから隠し切れなかったのだろう。苦渋の表情を浮かべたまま、どこを見るともなく見て視線が定まらない。

「職場のような家庭」で心休まらない

「ほかに何か、奥さんに対して感じていることはありますか？」

単刀直入に尋ねてみた。すると、その質問を待っていたかのように視線をこちらに戻し、こう説明した。

「妻のせいで、家庭が心休まる場ではなくなってしまった。特に（妻が）課長になってからはそうなんです。妻とは必要最低限のことしか話さないし、体の触れ合いなんてとっくの昔に終えています。つまり、心身ともに交流がないんですよ。中学に入学したばかりの息子とは結託しているようで、僕の悪口でも叩き込んでいるのか、息子は僕が話しかけても返事さえしないような状態で……。彼女にとって家庭は、息子の学校生活と進路のことだけ考えていれば、あとはいかに家事も含めて効率的に処理するかという、職場のようになっているんです」

家庭に安らぎを感じられない、居場所がない、などと嘆く中年男性は少なくない。が、家庭が職場のようになっている、言い換えれば、「職場化する家庭」という捉え方を男女問わず、取材対象者の口から聞いたのはこの時が初めてだった。

夫婦の溝を埋める手立てはないのか、という問いに、こう語気を強めて即答する田中さんの表情からは虚《むな》しさのようなものが感じられた。

「ないですね。残念ながら、今は全く考えられないです」

在宅勤務でたまった怒りが夫へのＤＶに

妻からのＤＶと、妻へのモラハラを打ち明けてくれた、本章冒頭の20年末のインタビュー場面はこの16年の取材の後、音信不通の期間を挟んで、続く。

夫婦の間に深刻な出来事があり、実はイクメンでも良き夫でもないのだと告白し終えた田中さんは、ほんのつかの間、妻に精神的な苦痛を与えた重荷から解放されたかのようにため息まじりに深く息を吐いた。

妻からのＤＶは、20年春、コロナ禍で最初の緊急事態宣言が出され、ほとんどの社員が在宅勤務となっていた時期に起こった。妻はこの前年の19年に部次長に昇進、田中さんは18年に課長になったばかりだった。口論するといった前触れもなく、突然、リビングの棚に立て掛けてあった家族写真や、テーブルの上の飲みかけの缶ビールなどを投げつけたり、冷蔵庫の中から持ち出した飲料水の入ったままのペットボトルで田中さんの腕や背中を殴ったりしたという。

投げられた物が後頭部にぶつかって出血し、5針縫うけがを負ったことまである。妻は、いったんは事の重大さに気づいて打撲の応急処置を施したり、病院に付き添ったりしてくれるのだが、しばらくしてまた暴力を振るう、という繰り返しが1ヵ月近く続いたらしい。妻は自身の判断で仕事を続けながら精神科のクリニックを受診、半年以上過ぎた今も月に2回通い、精神安定剤などの投薬治療を受けているという。

「夫婦が顔を合わせる時間が格段に増え、妻はたまった私への怒りを暴力で訴えるしかなかったのではないか」と田中さんは考えている。

モラハラを自覚した衝撃

妻によるDVのきっかけが、自分が〝モラハラ夫〟だったためというが、モラハラは無自覚のうちに行為に至るケースが多い。どの時点で妻への行為がモラハラであったと認識したのか。

「妻からDVの理由が僕のモラハラであったと、はっきりと指摘されたわけではありません。ただ……DVが治まってから妻に、僕の『冷たい態度や言葉がとてもつらかった』と言われて初めて自覚したというか……。正直、いつからだったかは覚えていないのですが、妻が課長になった頃だとすると、もう5年になりますからね。妻から受けたDVの期間の数十倍もの長い時間、彼女は僕のモラハラに苦しんでいたんです……」

怯えが治まり、落ち着いていた様子だった田中さんが、また苦悶の表情を浮かべる。

つらい出来事を思い出させるようで心苦しかったが、聞いておかねばならない。

「具体的にどのような言葉や態度だったか、覚えている範囲で教えてもらえますか？」

そう尋ねると、田中さんは手元に用意していた黒の手帳のメモ欄のページを開いた。

「質問されると思って、時間をかけて思い出してメモしたんです。前にお伝えしていた通り、妻とはほとんど面と向かって話はしていなかったんですが、つぶやいたり、妻の後ろから小さい声で言葉を吐き捨てたり、それから時々にらみつけていたんじゃないでしょうか。今メモを見ながら、背筋がゾクッとしました」

〈夫婦じゃなくて、男2人みたいだな〉

〈役員からも気に入られて、同期の男たちはお手上げだろうな〉――。

生気のない顔で、田中さんはメモしてきた言葉を平坦な口調で読み上げた。

2度目の緊急事態宣言が出された21年の年明け、再びオンラインで話を聞いた。田中さんは再び北関東の工場に異動となり、単身赴任中。少し心境の変化があるようだ。

「まだ整理し切れてはいませんが、僕が仕事で活躍する妻をライバル視し、自分が思うように出世できないのを育児のせいにしたあたりから、夫婦の関係がおかしくなっていったように思います。夫婦で話し合うことをしないで、周囲の目ばかりを気にしていたのもいけなかったんじゃないかと……。妻へのモラハラを反省しつつ、これからは仕事でも家庭でも、誰かから評価されるよりも、自分で自分を認められるようになれればいいんですけどね。言うは易《やす》し、行うは難し、ですけど。あっ、は、は」

この20年近くの間、田中さんには不安や苦悩を取材することが多かったせいか、控えめながらも、笑い声に接し、正直ほっとした。

20年末の取材以来、田中さんの妻には話を聞きたい旨、彼を通してお願いしてきたのだが、21年春、電話での取材を了承してもらった。ご本人の承諾を得て、内容の一部を紹介する。

「私たち夫婦はともに仕事も家庭も頑張ってきたんですが、どこかでボタンを掛け違えてしまったように思います。それは、女性の管理職登用や男性の育児参加を促す社会の動きも影響していたのかもしれませんね。（略）もっと互いに向き合えばよかったと反省しています。息子ももう高校3年生になりましたし、これからは夫婦2人の時間も大切にできればと思っています」

感情の表出を抑えた澄んだ声が最後のほうでかすかに震え、余韻がしばらく耳に残った。

2 〝無自覚モラハラ〟で妻の逆襲

「夫は仕事、妻は家庭」が一番

女性活躍推進法を契機にメディア報道も相まって、子育てしながら働き、さらに管理職に就くという女性の生き方がまるで模範例のように注目されるなか、家事・育児に専念し、家庭に自らの存在価値を求めてきた専業主婦の女性たちが、自身の選んだ道に挫折感を覚えるケースも少なくないことを取材を通して実感していた時期だった。

2016年、妻が専業主婦の夫側から見て、そうした女性たちをどう捉えているのかについて尋ねたのが、銀行員の小林英樹《こばやしひでき》さん（仮名、当時36歳）への最初のインタビューだった。白シャツに紺のネクタイ、ダークスーツという金融マンの定番スタイルでありながら、上品な光沢のある素材を使用した高級感漂う装いは彼の個性なのかもしれない。ゴルフ焼けなのか、小麦色の肌が表情の豊かさをより際立たせていた。

「うちの家内は本当に立派に主婦の役目を果たしてくれています。だから私は安心して彼女に家庭を任せ、自分は競争が激しく、いつ出向を命じられるかもわからないようなこの金融の世界で毎日、頑張っていられるんです。女性を出世させようという『女性活躍』なんて、実質の伴わない単なる流行《はや》りでしょ。そんなトレンドみたいなのに、家内が心揺さぶられたりするわけありませんよ。あっ、はっ、は、は……」

豪快な笑い方も含め、公私ともに自信に満ち溢れている様子だ。

1歳年下の妻とは友人の紹介で30歳で出会い、半年の交際でスピード婚。妻はメーカーで総合職として働いていたが、結婚を機に退職したという。結婚翌年に長女、その2年後に長男をもうけ、中部や九州など4回の転勤を重ね、1年前に初任地の大阪本店に戻ってきた。現在は大阪郊外にある閑静な住宅街で家族4人、戸建ての持ち家で暮らす。

「女性活躍」「イクメン」といった男女のライフスタイルに関する社会の潮流、世論も影響してか、この頃、さまざまなテーマで取材を重ねる過程で、固定的な性別役割分業について肯定的な意見を明確に述べるビジネスマンは、ほとんどいなかった。ただ、それが本心かどうかはわからない。建前で話し、本音を明かさないケースも少なくなかっただけに、歯に衣着せぬ物言いに惹《ひ》かれた面もあった。

さらに、小林さんはこう続ける。

「古臭いと批判されるかもしれませんけど、『夫は仕事、妻は家庭』が夫婦、子どもにとって一番いい選択だし、男はみんなそう考えていると思いますよ。イクメンなんて仕事ができない奴がすることで、上を目指している者には全く関係ない。奥田さん、上っ面だけ見るんじゃなくて、こんな本音を拾い上げてくださいね。あっ、は、は、は……」

そう、その通りだ。このご時世に、小林さんのような意見がある、いや、それが実は少数派ではないのではないかという仮説を立て、男たちの本音を聞きたかったのだ。ますます小林さん夫婦のライフスタイルを追ってみたいという気持ちが高まった。

妻の〝プチ起業〟で怒り爆発

18年、小林さんは、待ち合わせ場所のホテルロビーで私と目が合うなり駆け寄り、「家内がやらかしてくれましてね」と妻への憤りを露わにした。ロビー前の喫茶スペースに腰を下ろして運ばれてきた水を口にしてもなお、怒りは治まるどころかますます高まる一方のようだ。

「聞いてもらいたいことがある」と彼のほうから面会取材を受ける旨、連絡を受けて実現したインタビューだった。男性にしては珍しく自身の感情をおおっぴらに表現するタイプだったが、ネガティブな情動をここまで表出するとは思いもよらなかった。

大変な事態を迎えていることは想像に難くない。機嫌を損ねないように、質問を重ねていかなければならない――。

そんな心の内を見透かしたかのように、小林さんが説明を始めた。

「奥田さん、気を遣わなくてもいいですよ。聞きたいのは、このふつふつと煮えたぎる家内への怒りの原因でしょ。家庭の内にとどまって家事・育児に専念していればいいものを……ろくな経験もないくせに、同じ主婦の学生時代の友人数人と、〝プチ起業〟っていうんですかね。手作りのベビー服の販売を始めたんです。最初はフリマアプリで行っていたんですが、そのうちに自分たちのショッピングサイトまで立ち上げて、経営のまね事をするようになってしまって……。結婚した時に『家庭を守る』と誓った約束と違うじゃないですか！　私への裏切り行為ですよ！」

もともと血色の良い顔が怒りのあまり、いつの間にか真っ赤に染まっている。妻の「裏切り」という表現は非難の度が過ぎるし、「ろくな経験もないくせに」や「経営のまね事」など、妻や一緒に起業した友人たちを皮肉るような物言いも気になった。

妻にだって、それ相応の理由があるはずだ。詳しく尋ねたのだろうか。

「家内が言うには、上の子が小学校に上がって、下の子も幼稚園年中組になって前ほど手がかからなくなったので、働いていた時や母親としての経験も生かして、少しでも社会に貢献したいとかほざきやがって……。女子大の家政科を出てからアパレルの会社で働いていた経験なんてわずか6、7年ですよ。偉そうに！　それだけで何の役に立つっていうんですか！　世の中には旦那の収入だけでは生活できずにやりたくないのにパートの仕事をしている主婦がたくさんいますよね。家内は私の稼ぎだけで何の不自由もない、ゆとりある暮らしを送れているんです。本当に何を考えてんだか！」

妻から起業の理由は聞きはしたものの、それを真摯に受け止め、理解しようとした形跡は全く見当たらなかった。

そうして、この時のインタビューで初めて、妻へのモラハラを疑うようになるのだ。取材者である筆者に対してさえ、これほど乱暴な言葉を使っている。妻に対してなら、なおいっそう精神的苦痛を与えるような言動があるのではないかと。

「奥さんとは今、どのように会話して、奥さんから話を聞いたりしているのですか？」

「えっ？」

「ですので、夫婦のコミュニケーションはどうかと……」

「ない、そんなのないですね。私は言いたいことは言いたいだけ、家内にぶつけていますよ。腹の虫が治まらないんでね。家内の話は、ずっと聞いていないです」

そう言い終えると、小林さんは少し緩んだネクタイを締め直した。アイロンがけに細心の注意が必要なシルク素材の白シャツには、シワひとつ見られない。光沢、つや感が生かされているのは、妻の日々の手入れがしっかりしているためなのではないか。以前はあれほどお似合いと思っていた高級スーツが、彼には妙に浮いて見えた。

「ひどく傷ついた」妻から離婚の申し出

2年後の20年春、小林さんは予想だにしなかった結末を迎える。妻から離婚を突き付けられるのだ。結婚生活10年、小林さんは40歳、妻は39歳での別れだった。

小学3年生の長女と1年生の長男の親権は妻が持ち、協議離婚が成立したという。妻は小林さんに財産分与を求めただけで、養育費や慰謝料は請求しなかったという。離婚から半年余り過ぎ、電話でのやりとりでそのことを知る。それ以降、何度か取材を申し込むが、「まだ心の整理がついていない」と抑揚のない話し方で固辞される。「妻から離婚を切り出された」ということ以上は、理由を尋ねても固く口を閉ざした。インタビューが実現したのは、21年春のことだった。

いつものように仕事帰りに取材時間を取ってもらったのだが、現れた小林さんの表情と服装に目を疑った。シルクシャツの襟もとには黄ばみが目立ち、スーツも所々にしわが寄っている。眼力の弱さや額のしわ、目の下のクマなど、マスクをつけて露わになっている部分からだけでも、この間に起こった出来事の重大さと心労がうかがえた。あれほど感情表現が豊かだった男性とは、まるで別人のようだった。

「離婚に至った経緯を教えていただけますか?」

「……ええ、まあー、ふぅー……」

ため息交じりに話し始めようとするのだが、なかなか言葉にならない。いっこうに視線を合わせようとせず、取材場所の貸し談話スペースの天井を仰ぎ見ては目を閉じてうなだれる、という動作をゆっくりと繰り返すこと約5分。偶然にも互いの視線がぶつかった時、彼を捉えて見つめると、まるで観念したかのようにこう話し始めた。

「不倫……あの家内が不貞を働いていたんです。青天の霹靂《へきれき》、っていうのはこういうことを言うんでしょうね。プチ起業して、家庭以外の世界を知ったことがきっと、男に目が行くきっかけになったんじゃないでしょうか。不倫の告白を受けたうえに、自分の署名、捺印《なついん》した離婚届を渡されて……。そして、その不倫した相手といずれ結婚するつもりだと……。いったい、私の何がいけなかったんでしょう……。家内と子どものために必死になって、それこそ自分を犠牲にして働いてきたんですが……」

妻が起業した際に「裏切り行為」などと強く非難した勢いは、もうない。力尽きたように、淡々と思いの丈を語った。また沈黙が流れる。

傷口に塩を塗るようで心苦しかったが、確かめておかねばならない。

「奥さんは何とおっしゃったのですか？」

このしばらく前から右手の握りこぶしでテーブルをたたき続けていた小林さんに、ストレートに質問を投げた。一瞬にして動きが止まったかと思うと、眉間にしわを寄せ、弱々しかった目元がじわじわと鋭い光を放ち始める。それは紛れもなく、怒りや憎しみ、悲しみの表出だった。まるで映画のクローズアップショットを見ているようだった。

「あなたの言葉、態度に……私はひどく傷ついた。私を単なる家政婦としてしか、見ていなかった。子育ての悩みを聞こうともせず、『お前は、こんなこともできないのか』と威圧的に非難した。総合職として働き続けて能力を発揮していく道だって、あったのに……こ、こうかい……あなたと結婚して、後悔、している……」

言葉を続ければ続けるほどネガティブな情動が強まるようで、頭をテーブルの上にドンドン、と音がするほどぶつけるようになり、そこでいったん合いの手を入れた。

「少し落ち着きましょうか。水でも飲まれてはどうですか」

「取り乱してすみません。いや、大丈夫です。これだけは言わせてください。妻は、あなたは私と子どもたちのためというけれど、それは違う。あなたの自己満足、エゴだと……。私を必要として、私を一人の人間、女性として認めてくれ、愛してくれる彼（不倫相手）についていく、とまで言いました……」

「それを聞かれて、どう思われましたか？」

「冗談じゃない！　妻を傷つけるような言動をした覚えは全くありません。私こそ、妻と子どもたちを愛していたんです。夫が懸命に働いて、妻が家庭を守る、それが私が考える夫婦、家族の理想で、私だからこそ、それを実現できたんです」

妻子が出ていった広い自宅で一人暮らす今も、小林さんは自身が思い描く夫婦、家族像の信念を曲げていない。妻に対する言動がモラハラであった事実に気づく日は、果たしてくるのだろうか。

3　定年夫の孤独

「私の息子だから」大丈夫

山田和彦《やまだかずひこ》さん（仮名）とは２０１１年、学卒時に就職できずに無職、またはアルバイト生活を送り、就職を希望する若者を対象に、職探しの方法や面接でのテクニックなどを教えて就職を支援するＮＰＯが主催した親向けのセミナーで出会った。

山田さんの一人息子の長男（当時23歳）は東京の難関私立大学の商学部で学んだが、3、4社の採用試験に立て続けに不合格となった4年生の春の段階でやる気を喪失し、就職活動を止めてしまったという。大学からも足が遠のき、自宅に引きこもるようになる。3年生まで真面目に勉学に励んでいたため、ゼミ教員の配慮もあって何とか卒論を仕上げて卒業はできたものの、将来を不安視した山田さんが支援団体を探し、息子を説得して講座を受講させるとともに、自分も親向けセミナーに参加していたのだ。

実は山田さんに会う3ヵ月ほど前、講座を受けていた長男には話を聞いていた。講座に参加するきっかけについて尋ねると、伏し目がちに「父親の期待に沿えなかったから……」という答えが返ってきた。時折、メガネの鼻にかかるブリッジを右手中指で上げてこちらの顔を見ようとするのだが、すぐに怯えたように下方に視線を外す。さらに詳しく聞いてみると、父親が思い描くような就職ができずに負い目を感じていたため、父親が強く勧めた講座の受講を断ることができなかったのだという。似たような状況の受講生とともに面接訓練などを重ねていくなかで、「また就職活動ができるかもしれない」と思い始めているという彼に改めて、父親との関係について質問すると、「今でも父親と話すのは苦手です」と言葉少なに語った。

父親の山田さんに話を戻すと、日曜の午後に開催された親向けセミナーの参加者約20人の大半が母親で、父親は彼を含めて2人だけ。その場で取材を申し込むと、快く応じてくれたのだ。

大手物流会社で営業部門の部長を務めていた当時52歳の山田さんは、やや硬い表情で一言ひと言噛みしめるように、こう話した。

「ずっと優等生できた息子が、人生を左右する肝心の就職活動でつまずいたことを家内から聞かされた時は、気が動転しました。愛情を注いできた息子が、まさかそんなことになっているとは、夢にも思っていませんでしたから……。でもすぐに気を取り直して私ができることを精一杯してやろうと思い、寝る間も惜しんでいろいろ調べ、こうしてセミナーにも参加しているんです。少しずつやる気が戻ってきているようですし、私の息子ですから、きっと成し遂げてくれるはずです」

約3ヵ月後、中堅商社への就職が決まったと報告を受けた。息子は同級生からは1年遅れたものの、24歳の誕生日を迎える年に社会人としてスタートを切った。入社後しばらくしてインタビューに応じてくれた山田さんは、笑みを浮かべて喜びを語った。

「本当にほっとしました。当初考えていたような大手企業ではありませんが、優良な会社に正社員で就職できたんですから、これで良し、としないといけないと思っています。妻からは『お父さんが動いてくれたお陰です』と感謝されています」

「息子さんとは、仕事についてどんな話をされているのですか？　アドバイスを求められたりすることはあるんでしょうか？」

「あっ、まあー、そうですね。息子は真面目ですから、コツコツやっているんじゃないでしょうか。私の息子だから大丈夫ですよ……」

この1年ほど前、「父親と話すのは苦手」と言った長男とのコミュニケーションは、いまだ十分に取れているようには見えない。そのような親子関係と、「私の息子だから」という父親としての自信の表れのような言葉とのギャップに、喜ばしい場面でありながら、違和感を覚えたのも事実だった。

「ニートでは困る！」

それから3年の間に父親と息子の関係は悪化の一途をたどる。14年、営業部門を統括する本部長に上りつめた55歳の山田さんは眉間にしわを寄せ、焦燥感を抑え切れない様子で、長男のその後について語り始めた。

「実は……息子が、そのー……ニート状態にまでなってしまいまして……」

2年ほど音信不通の状態が続き、ようやくインタビューの了承を得て実現したのだが、事前のメールでも電話でも、息子が仕事を辞めたことには一切、触れていなかったため、てっきり長男は職務経験を積んでいるとばかり思い込んでいた。その山田さんの口から突如として「ニート」という言葉が出てきて、動揺する気持ちを悟られないよう、咄嗟に表情を取り繕ったのを思い出す。

そんな内心を悟ったかのように、山田さんが言葉を継いだ。

「驚かれたでしょう。お恥ずかしい限りです。息子がニートだなんて……。フリーターならまだしも、働く意欲すらなくて、職探しも何もしていないんですから……。ろくでもない奴に転落してしまいまして……」

ニート（NEET＝Not in Education, Employment or Training）は、厚生労働省の定義では15～34歳の非労働力人口のうち、家事も通学もしていない人を指す。言葉・概念はそもそも英国の若年者就業支援政策で使われたのが始まりだが、日本では04年に書籍で紹介されて以降、働く意欲がないという面が過度に強調されるなどセンセーショナルなメディア報道も相まって、侮蔑的な意味合いで多用されるケースが増え、14年当時はほとんど使われなくなっていた。その言葉を敢えて引き合いに出してまで語るところに、忸怩《じくじ》たる思いがうかがえた。

「ただ、息子さんにもそれなりの事情がおありだったと思うのですが……」

「ああ、単なる人間関係の問題ですよ。1年目は管理部門で何とか続いたのですが、2年目で営業に異動になって……上司や取引先とうまくいかなくなったようですよ」

「息子さんはどう話され（ているのですか）」と尋ねようとした言葉を途中で遮り、山田さんはこう言い放った。

「私の息子が、ニートでは困るんですよ！　全く……」

怒りを持て余すかのように、右足の膝下を小刻みに揺らす。

長男には何を話しかけても返事がなく、辞職した経緯については妻から聞いたという。かつて息子に「愛情を注いできた」と話した父親の姿は、もうそこにはなかった。

「息子からも家内からも、見放された」

〈定年後は家内と旅行したり、息子とサシで飲んだりして、これまでできなかったゆったりとした暮らしを送ってみたいと思います〉――。

16年、定年を3年後に控え、数ヵ月ぶりに不意に受け取った山田さんからのメールに、戸惑った。それまでも数ヵ月に1回程度の頻度で電話で話を聞いていたのだが、14年のインタビュー以降、次第に仕事への意欲が失せていく様子が顕著だった。電話取材では、さらに詳しく尋ねようとすると口を閉ざしてしまう。無論、対面でのインタビューを申し込んでも快い返事はもらえなかった。そのような経緯で受信したメールだったからだ。面会取材がやっと実現したのは、18年のことだ。

以前はこめかみなどに少しある程度だった白髪がほぼ頭髪全体に広がり、59歳という年齢より10歳以上老けて見える。感情を一切表出せず、淡々とした表情も気がかりだった。

一時期は求職活動さえしていなかった長男は約1年半前に、契約社員として勤めていた中小の繊維商社に正社員として登用され、それを機に自宅を出て一人暮らしを始めたという。一方、妻は息子が実家を巣立つのと時を同じくして、地域の一人暮らしの高齢者の見守りボランティアを始めたらしい。

「旅行やサシ飲みどころじゃない。息子からも家内からも、見放されたんです。妻子のために懸命に働き、次は子会社の社長という寸前だったんですが、最後の最後でつまずきまして……。このつらさを家族は受け止め、慰めてくれると思っていましたが……気づいた時にはもうそんな存在ではなかった。私が思い描いた通りに社長になれなかったから、きっと、息子も家内も、がっかりしたんでしょう……。平《ひら》（社員）での継続雇用は恥をさらすようでみっともないので、来年、定年できっぱりと辞めるつもりです」

本部長として統括する営業部門の部次長に対し、部員のいる前で繰り返し激しく叱咤《しった》するなどの行為を繰り返したことがパワハラとして認められ、譴責の懲戒処分を受けたのだという。告発したのは自身が部長時代から指導してきた部下で、山田さんは「かつてと変わらない指導方法で、パワハラの認識は全くなかった」という。処分後の定期人事異動で、延長されていた役職を解かれた。16年にメールを受けた半年ほど前の出来事だ。

自身が捉えている妻子の変化は果たして、「思い描いた通りに社長になれなかったから」なのだろうか。不審に思い、質問を続けようとしたのだが、「この辺でいいですか」と体調不良を理由にインタビューの終了を求められる。彼の感情の機微をくみ取り切れず、不甲斐なさの残る取材となってしまった。

妻子に依存せず、自立して向き合えるか

子会社の社長として采配を振るという計画が、〝無自覚パワハラ〟によってとん挫し、定年退職してから2年。山田さんは今、人材紹介会社に登録して再就職活動を行っている。妻はホームヘルパーの資格を取得し、フルタイムで働いているという。

21年春、山田さんは、妻子への率直な思いを話してくれた。

「定年退職からしばらくして、家内は上から目線でこうしろ、ああしろと指図する私の言葉や態度に心痛めながらも、息子の自立への応援も含めて精一杯、家庭のことを頑張ってくれていたのだということに気づきました。今も多くは語らないですが、一度、『社長の妻にな

れなくて当てが外れたか？』と尋ねた時、『もう我慢の限界です。私は自由にさせてもらいますから』と返されて……。息子も私に理想を押しつけられ、つらかったのではないでしょうか……。実家を出ていく時、『僕はこれで楽になれるけど、母さんのことはもう解放してあげて』と言った言葉の意味が今、やっと理解できたような気がしています」

これから家族と仕事と、どう向き合っていこうと考えているのか。

「まずあと数年は働きたい。ずっと仕事人間できましたから、働いている時が一番自分らしいのかなと思いまして。去年から求職活動を始めたんですが、会社員時代の経験やノウハウを生かしたいという思いが強く、なかなか採用に至りません。人材紹介会社のアドバイザーにはこだわりを捨てるように言われているんですが……。そして何よりも、家内と息子との関係を改善したい。うまくいくかどうかは、私が妻子に依存せず、自立して向き合えるように変われるか、にかかっていると思っています」

以前のような怒りや焦燥感はすっかり取り除かれ、柔和な眼差しで語った。

長男には、数年前からインタビューをお願いしていたのだが、返事さえない状態が続いていた。この21年春の取材後、山田さんの了解のもと、父親の息子への思いをメールで伝えたところ、２週間ほどして取材を受けてもよいという連絡が入った。

今年33歳になる長男とは、実に10年ぶりの再会だった。父親のことをどう思っているのか尋ねると、ゆっくりと言葉を紡ぎ出した。

「父親の期待に沿えていない自分をずっと、情けなく思ってきました。『お前のためを思って言っている』という言葉が、自分（父親）の言いなりになれ、と聞こえて……。最初に就職した会社で挫折してまた引きこもってしまった時に、父からは完全に見放されたと感じました。僕のつらさに寄り添ってくれた母のお陰でまた仕事を始めて、自立できたんです。ただ……奥田さんから父の思いを教えてもらって……父から逃げずに、僕から歩み寄れた時に、本当の意味で自立できるのかなと思いました」

伏し目がちに話すシャイな様子は変わらなかったが、社会人として経験を積み、格段に成長している姿が頼もしかった。

4　家庭という〝密室〟で起こる脅威

強い執着で妻子を「支配」

本書では、かつて男性主導の均質的で排他的な組織運営で成り立ち、多様性や包摂性が求められる現代社会では通用しなくなった「男社会」の価値観に囚われた中年男性たちが、無自覚でパワハラやセクハラなどの行為に及ぶケースを中心に紹介してきた。こうした〝無自覚ハラスメント〟の最たるものが、モラハラである。

パワハラやセクハラの前段階には必ずといっていいほど、無視も含めた言葉や態度によって人の心を傷つける精神的な暴力が存在する。こうしたモラハラが職場で優位な立場を利用し、あるいは、性的要素を深めることで、より可視化されたかたちとして現れたものがパワハラやセクハラであるともいえるだろう。

家庭という〝密室〟で起こるモラハラはＤＶの一種でもあり、妻や子という特定の相手を捕まえて離さない、つまり執着の度合いが強いだけに非常に重大な問題だ。本章の複数の事例にもあったように、加害者の多くは「妻子のことを思って」と口にするが、被害者にとってそれは真逆の「支配されている」以外の何ものでもない。また、法律で規定されているパワハラやセクハラと異なり、離婚を巡る法廷闘争に発展したり、身体的暴行が事件化したりしない限り、家庭内モラハラが明るみに出ることはほとんどない。

理想の家族像を追い求めたゆえの惨劇

さらに、時代とともに変容する夫婦の関係性・ありようは、モラハラをなおいっそう複雑化させ、深刻度を増している。

米国の社会学者、アーリー・ホックシールドは、フルタイムで働く女性が増えて共働き家庭が浸透する過程において、家庭と職場の逆転現象が起きていると指摘する。「家庭生活と職業生活の新しいモデルにおいては、疲れた親たちは決着のつかない喧嘩や汚れた洗濯物から逃れ、頼れる秩序や調和、活気のある職場へと避難している」（Hochschild 1997: 44［筆者訳］）。すなわち、夫婦ともに疲れ果て、家庭では仕事を処理するかのように効率的に時間を使い、職場は家庭の面倒なことから逃避する安息の場となっているというわけだ。

この現象が、まさに本章の事例で紹介した「職場化する家庭」といえる。女性の管理職登用の潮流に乗って課長ポストに就いた妻のせいで、家庭が安らぎの場でなくなったと嘆く田中さんは、夫は妻よりも優位に立たなければならないという固定観念から抜け出せないばかりに、出世で先を行く妻に敗北感を抱いてモラハラ行為に及んだ挙句、今度は妻からＤＶを受けてしまう。

夫婦間のＤＶ被害経験者は男女ともに増えており、多くのケースで身体的暴力には精神的暴力が付随している。また、女性に比べて男性はＤＶを受けても相談しない傾向にある。内閣府が３年ごとに実施している「男女間における暴力に関する調査」の２０１７年度調査によると、これまでに配偶者からのＤＶ被害の経験があった人の割合は女性が31・３％（前回14年度調査23・７％）、男性が19・９％（同16・６％）だった。ＤＶの内容別（複数回答可）では、「身体的暴行」が女性は19・８％、男性は14・５％といずれも最多で、次いでモラハラに相当する「心理的攻撃」（女性16・８％、男性10・０％）だった（図６）。被害について、誰かに打ち明けたり、相談したりした人は、男性は26・９％と女性（57・６％）の半分にも満たなかった。男性は〝沈黙の被害者〟でもあるのだ。

なお、現行のＤＶ防止法では通報などの対象を「身体に対する暴力」に限定しているが、内閣府の専門調査会は21年３月、精神的暴力なども通報や保護命令の対象に含めるよう求める報告書をまとめた。これを受け内閣府は、21年度に有識者検討会を立ち上げ、ＤＶ防止法改正に向けた作業に着手する方針だ。

事例にある山田さんのケースでは、ニートとなった一人息子に憤り、妻子に見放されたのは自分が子会社の社長になれなかったためと一方的に決めつけてしまう。「夫は仕事、妻は家庭」という固定的な性別役割分担意識も、夫婦ともに納得しているのなら周囲が口を出す

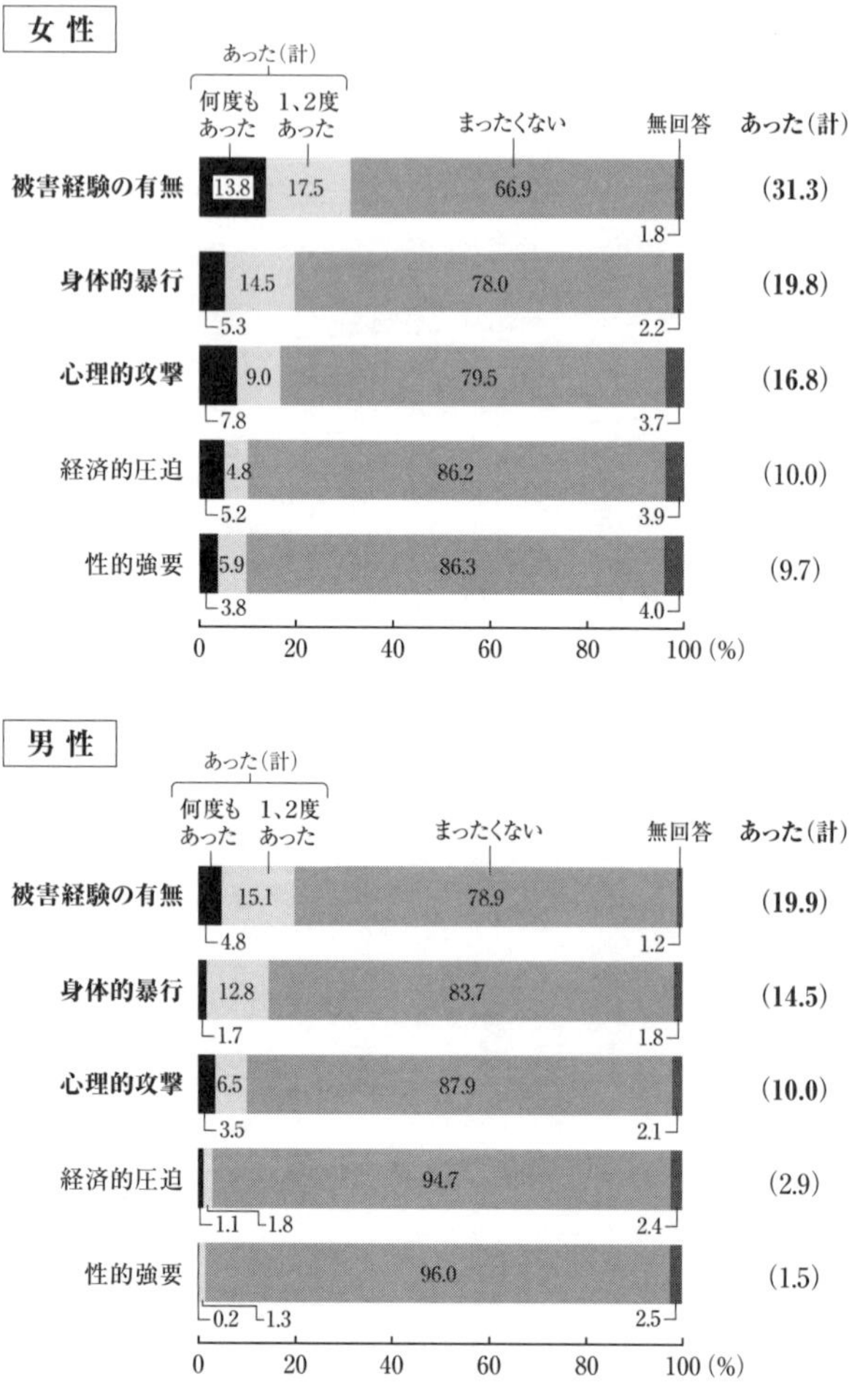

図6 男女別 配偶者からのDV被害の内容(複数回答可)

出典:内閣府「男女間における暴力に関する調査」(2017年度)

ことではないが、小林さんのケースでは、肝心の妻はというと、夫の言動に「ひどく傷ついた」、自分のことを「家政婦としてしか、見ていなかった」と悲痛な言葉を投げ捨て、離婚届を置いて家を出ていく。

つまるところ、家庭内モラハラは男たちが、理想の夫、父親、そして良い妻とわが子を追い求め過ぎるために行き着いた惨劇ともいえるだろう。思い描く理想の家族像が現実世界では実現できていないことに気づきながらも、男は一家の大黒柱として妻子を養い、家族の精神的支柱であるといった伝統的な「男らしさ」規範から逸脱した〝落伍者《らくご》〟としての自分を認めたくない。それゆえに懊悩《おうのう》し、隘路にはまってゆくのである。

第5章

誰も捨てられない社会のつくり方

1 〝無自覚ハラスメント〟と社会的排除

カギは異文化理解と意思疎通

これまで事例を通して見てきたように、中年の管理職男性たちは、画一的な男性優位社会の価値観に囚われるがゆえに、職場では無自覚のうちに部下に対してパワハラやセクハラを行い、また家庭にも「男社会」の固定観念を持ち込み、無意識のうちに妻やわが子の心を傷つけ、モラハラを行っていた。本書で紹介した事例に共通しているのが、〝無自覚ハラスメント〟である。自身の価値観に基づく、相手のためになるという思い込みからの言動が、過失によるパワハラやセクハラの行為と見なされたケースも少なくない。

パワハラやセクハラなどは、身体的、精神的苦痛を与えて職務遂行能力を阻害するだけでなく、被害者が辞職に追い込まれ、最悪のケースでは命を絶ち兼ねない事態に至る深刻な問題である。発生時には適切な調査のうえ、ハラスメント行為があったと認められた場合は加害者への懲戒処分など厳正な対処が必要で、予防のための社員研修や職場環境の改善など防止対策が欠かせない。

一方で、ハラスメントが無自覚のうちに行われているケースでは、行為者の意識や価値観が変わらない限り改善は見込めず、その意味ではむしろ、悪意のあるハラスメントよりも再発を防ぐのは難しいといえるかもしれない。

このまま放置しておけば、そうした男たちは職場、社会から取り残され、さらには社会的排除、つまり捨てられる憂き目に遭ってしまうだろう。男たちが自分よりも若い世代、そして女性の部下、妻たちに己の考え方を押しつけるのではなく、彼ら彼女たちの異なる価値観、文化を受け入れたうえで、いかに意思疎通を図れるかが大きなカギとなる。

では、どのようにすれば、職場での世代間、男女間、また家庭での夫婦のコミュニケーションの不全や行き違いを克服し、職場でも家庭でも通用しない、システムとして劣化した「男社会」の価値観から脱却することができるのだろうか。

まず、世代間ギャップや性差がもたらすコミュニケーションの不全、行き違いの背景・要因について、労働をテーマに継続的にインタビューを行っている取材対象者や、本書で取り上げたさまざまな問題で中年男性のカウンターパートとなる部下の男女や妻たちの声も交えて整理する。そして、相互の信頼関係の築き方や人材育成・組織開発のあり方、夫婦関係のゆくえなどについて、多角的な視座から問題を乗り越えるためのヒントを提供したい。最後に、男たちの価値観の背後にある「男らしさ」規範と、社会的排除の関係性などについて触れたうえで、ポスト・コロナ時代の多様性と包摂性のある社会のあり方についても考えてみたい。

上司・部下のコミュニケーション不全

上司と部下の意思疎通がうまく図れない背景には、外的要因と内的要因がある。外的要因は、人事制度や労働環境の変化などで、代表例として、1990年代半ばから大企業を中心に導入され始め、今では広く浸透した成果主義によって職務の個人化が進み、上司と部下が給与や昇進に影響する人事査定で考課を行う側とされる側という関係性になったことが挙げられる。内的要因とは、心理的な隔たりのことだ。雇用管理制度や職場環境の改善は必須だが、いったん導入されたしくみを昔のものに戻すのは非現実的であるため、まずは内的要因から対処法を考えていくことが賢明である。

意思疎通ができないという場合、厳密にいうと、ディスコミュニケーション（コミュニケーション不全を指す和製英語）と、ミスコミュニケーションの二つのタイプがある。前者は言葉などを介して考えや気持ち、情報を伝えるコミュニケーションそのものが行われていない状態や、意思疎通を図ろうとしても失敗に終わるような状態のこと。他方、後者はコミュニケーションの行き違いのことで、同じテーマであっても発信者と受信者の意図が異なるため、意見やアイデアをやりとりしていても一部しか、あるいは何も共有できていないような状態のことを指す。

ディスコミュニケーションもミスコミュニケーションも、情報の送り手と受け手それぞれの価値観の相違に起因しているケースが多い。そして、この価値観はというと、景気動向や学校教育、受験、就職活動時の状況、消費生活など、どんな時代背景で、何を重視し、何に興味を抱くなどして、どのように生活してきたかに大きく左右されるものである。

そこでまず、現在40、50歳代の上司年代にあたる「バブル世代」、「団塊ジュニア世代」と、部下年代にあたる20、30歳代の「ゆとり世代」について、その特徴を整理する。なお、この世代分類は全世代をくまなく網羅したものではなく、年齢区分には諸説ある。またネーミングにはステレオタイプ的な要素も含まれている。各世代の特徴をひと言で表すことには限界もあるが、ここではあくまでも世代間の価値観や文化の違いを鮮明にすることを目的に使用する。

パワーゲームにはまるバブル・団塊ジュニア

好景気の真っただ中に就職したバブル世代と、不況による就職氷河期を乗り越えてきた団塊ジュニア世代を、現代の上司像としてひと括りで語ることに異論のある方もいるだろう。だが、学卒時や若手社員時代の時代背景は違えども、いずれも男性優位の企業文化で、管理職に就くなどパワーゲームを勝ち抜き、社会的評価を得ることを目標にしてきたケースが多い。それぞれが「上司」に対し、ジェネレーションギャップを感じて疑問を抱きながらも、忍耐強く従い、出世を目指してきたことも共通している。

同世代が多く、激しい受験競争、厳しい就職戦線を闘ってきた団塊ジュニア世代にとって、バブル世代は「楽な思いをしてきた無能上司」と怒りを覚えたかもしれない。が、近未来のポスト獲得を考えれば、憤りを抑えることぐらい容易《たやす》かったのではないだろうか。労働を巡る問題で継続取材してきた人たちの声を拾うと、「甘い汁を吸ってきた部長にはうんざりだが、我慢して後釜を狙っている」（不動産営業部次長・47歳男性）、「僕が尻ぬぐいしているのを上司は見て見ぬフリ。失敗せずにコツコツ実績を重ねて昇進待つのみ」（メーカー企画部課長・42歳男性）など、団塊ジュニア世代は上司との関係に耐えて従順に従うのも、出世競争に勝つためにはやむを得ないと捉えている傾向が強い。

一方、バブル世代は、自分たちが売り手市場で容易に入社できたことを周囲以上に自覚している。若手社員の頃から上司にそのことを揶揄《やゆ》され、つらかった人も少なくないだろう。管理職を志す時期になると今度は、景気低迷の影響でポスト減らしの憂き目に遭う。企業の業績悪化によるリストラ対象者には、バブル世代が多く含まれる。「いい思いをしたのは学生時代だけ。上司に苦労知らずと言われたのをバネに、死ぬ気で頑張って管理職になった」（電機営業部長・53歳男性）、「上司にけなされても、笑って耐え、必死にゴマをすり、ポストを手にした」（流通総務本部長兼執行役員・56歳男性）と明かすバブル世代からは、サラリーマン人生の悲哀さえ感じられる。

多くが男性優位の均質的、中央集権的なイデオロギーに染まったバブル、団塊ジュニアの両世代は、その世代特性ゆえの苦労を重ねたうえで、滅私奉公で会社と上司に従う道を選ばざるを得なかったともいえる。

競争も高望みもしないゆとり世代

「打たれ弱く、失敗を恐れる」「競争より協調」「安定志向で、高望みしない」「仕事よりもプライベート優先」――などと、仕事との関連でネガティブな見方をされる傾向にあるゆとり世代。知識偏重型の詰め込み教育の反省から、学習時間・内容を減らして経験重視型を目指した「ゆとり教育」を受けた世代である。ちなみに、ゆとり教育には過度な競争はやる気を削《そ》ぎ、学力向上に役立たないという理念はあったものの、競争そのものを否定したわけではない。「ゆとり教育イコール、競争の排除」のように拡大解釈、誤読されて社会に広がった背景にはメディア報道の影響も大きかった。その後、学力低下が叫ばれ、非難の矛先が向けられることとなったのは周知の通りだ。

この世代の特徴を見るには、単にゆとり教育の影響というよりは、少子化で幼少期から競争が少なく、不景気が日常だったという時代背景、さらにはインターネットやSNSなどソーシャルメディアを自由に使いこなし、「場」の空気を読み、私生活を重視するというライフスタイルにも注目する必要があるだろう。

ソーシャルメディアの浸透により、さまざまな情報をすばやく入手できるようになったというメリットの一方で、メディアリテラシーを高めない限り、情報過多には、何でも理解したように誤解し、好奇心や洞察力、行動力を削いでしまうデメリットがある。またネット空間での関係性においては、つながっているようで実は分断を加速させる、次のような現象も起きている。エコーチェンバー現象（閉鎖的なコミュニティー内で同じ意見の人々とコミュニケーションを繰り返すことで、自分の意見が増幅、強化される現象）、フィルターバブル（検索エンジンやSNSの最適化アルゴリズムにより、利用者が望む情報しか見えなくなる状態）などである。

このようなネット文化を背景に、ゆとり世代は同じ意見の人同士では協調性を発揮するものの、異なる考えの人とはなかなか交われない気質を備えているともいえる。

こうして整理してみると、部下世代が、出世志向でガツガツ頑張る上司世代と相容れないのは当然だろう。「『自分たちの言うことは常に正しい』風を吹かせている上司には、できるだけ近寄らないようにしている」（証券会社リテール部門・31歳男性）、「『頑張れ』が口癖の課長には辟易《へきえき》する。だから業務効率化が進まないのだ」（メーカー品質管理部・28歳女性）と、上司に対する見方は辛辣《しんらつ》だ。

2　世代間・性差の壁を超えて

部下には「ローコンテクスト」で

仕事やライフスタイルに対する考え方や価値観が大きく異なる上司世代と部下世代だが、

世代間の文化の違い、さらに人間関係の築き方に焦点を当て、コミュニケーションのあり方を考えてみたい。

米国の文化人類学者、エドワード・T・ホールは、異文化を比較するなかで「コンテクスト（文脈、状況）」に着目している（Hall 1976）。ホールによると、ハイコンテクストな文化とは交わされる言葉以上に、その場の状況や背景、互いの職場での地位などに重きを置く文化で、ローコンテクストな文化とはコミュニケーションがほぼ言語を通して行われる文化を指すという。

言語に依存しないで関係性が成り立つということは言い換えれば、考え方や価値観など文化の共有度が高いということである。他方、言葉を重視したコミュニケーションでは文化の共有度が低いため、きめ細かに丁寧に情報を伝えていかなければならない。

すなわち、相手との間に共有できる文化がほとんどない異文化の部下をマネジメントしていくには、ローコンテクストのコミュニケーションが不可欠になる。上司の言うことには常に従い、その意図をくみ取って忖度《そんたく》する、など上司世代の多くが当たり前のこととして実践してきた行動規範は、もはや部下世代には通用しない。そのことを認識したうえで、伝えたい内容を詳しく、わかりやすく、その背景も含めてしっかりと言葉で説明していかなければならないのだ。

関係構築に飲み会不要な部下世代

米国の組織行動学者であるエリン・メイヤーは、人間関係の築き方を認知的信頼と感情的信頼に分類している（Meyer 2014）。相手の知識や実績、誠実さなどを知ると認知的信頼が築かれ、仕事において欠かせない要素となる。他方、一緒に遊び、酒を酌み交わすなどして共感や親密さが生まれると感情的信頼が育まれ、友人や恋人を選ぶ際に重要な要素になる。

メイヤーは、仕事での人間関係が認知的信頼によって築かれることを「タスクベース」、感情的信頼によって築かれることを「関係ベース」と呼ぶ。例えば、米国でのビジネスの人間関係づくりは公私を明確に分けたタスクベースであり、仕事で信頼関係が構築できてもプライベートで会う間柄にはならない。一方、日本で根強いのが関係ベースで、私的信頼が仕事上の信頼に結びつくため、飲食を共にすることも重要だと旧来、見なされてきた。「飲みニケーション」という言葉がまさにそれを象徴している。

上司世代が感情的信頼を重視した関係ベースで仕事の人間関係を築いてきたのに対し、仕事とプライベートを分け、仕事の効率性や私生活の時間確保を優先するタスクベースの部下世代にとって、上司らとの飲み会は不要なもの。部下を飲みに誘って断られたからといって、やる気がないなどと決めつけてはいけない。無理強いすると、ハラスメントと捉えられ兼ねないから要注意だ。自分たちが培ってきた関係ベースで部下との意思疎通を図ろうとするのではなく、ここは部下側の価値観に従い、タスクベースの信頼を構築していく必要があるだろう。

女性部下へは「共感」から始めよう

職場における男女間のコミュニケーション不全、行き違いについてはどうか。仕事観や関係構築のあり方を巡る性差から生じる数々の壁は、男性管理職が女性部下との間で抱える深刻な問題であり、セクハラやマタハラ、パワハラなどのハラスメントを引き起こす要因となっている場合も少なくない。

セクハラは約30年も前から問題視されてきたが、出産後も就業を継続する女性の増加や、女性活躍推進法を追い風に指導的地位に就くなど、女性が職場で能力を発揮する機会が少しずつでも増えるなか、セクハラが発生する状況はなおいっそう多様化、複雑化している。そこにも、旧来の価値観に囚われた男性管理職が無自覚でハラスメントに陥りやすい温床があり、これを食い止めるには意思疎通の図り方の性差を理解したうえで、適正で効果的な女性部下のマネジメントにつなげていくほかない。

その一つのヒントとして、認知機能の性差に着目した研究がある。英国の心理学者のサイモン・バロン＝コーエンは、女性に多い「共感」と、男性に多い「システム化」という傾向に分けて分析している。女性は他者に対して共感する能力に優れており、男性は物事をシステムとして理解したり、構築したりする能力に優れているという（Baron-Cohen 2003=2005）。

バロン＝コーエンの指摘を踏まえると、男性は感情よりも原因究明や問題解決を重視し、競争や権力に価値を求めるため、命令する上司とそれに従う部下の関係性を自明のことと捉える傾向にあるといえる。これに対し、女性は物事のしくみよりも、相手の気持ちを理解し、共感しようとするため、上下関係よりも横の関係を得意とするといえるだろう。

認知機能や行動に男女差があるのだとすると、男性上司と女性部下の間にコミュニケーションの行き違いや失敗はあって当然だ。互いに相手に期待する反応、返事がないので不満や不安が募り、関係は悪化する。この悪循環を終わらせるには、女性部下の特徴・傾向を理解したうえで、相手に合ったコミュニケーションの手法を取る必要がある。

ここで職場の問題で継続取材している男女の声を紹介すると、「女性の部下は『わからない』『自信がない』と繰り返すばかりで、問題解決に向けて少しも前進しない」（通信マーケティング部次長・44歳男性）と男性上司が嘆くのに対し、女性部下からすると、「部長は私の悩みを聞こうともせず、自分の地位を維持することと職場のマネジメントのことしか考えていない」（人材総合サービス・33歳女性）と、話が全く噛み合っていないのがよくわかる。

部下の女性に対してはまず、問題解決を急ぐのではなく、時間はかかっても、女性の思いや考えに共感することから始めることが重要なのではないだろうか。

「女性はインポスター」は管理職の責任逃れ

男性管理職が女性部下への不満を露わにする際によく口にするのが、彼女たちの「自信のなさ」だ。これについては、成果を上げて周囲から高く評価されても、自分にはそんな能力はないと自己を過小評価する傾向を指す「インポスター症候群」が背景にあると、組織開発や人的資源開発の専門家らから指摘されてきた。

この女性に傾向が強いとされてきたインポスター症候群が如実に現れるとされるのが、管理職昇進を打診された時や近い将来、指導的地位に就くための昇格、配置転換などのときである。

しかし、筆者は女性が仕事において自己を過小評価するという指摘には、異論がある。多数の働く女性たちへのインタビューを通して、女性の自己評価の低さは元来、女性に備わっているものではなく、経験不足に起因し、職務配置、仕事の割り当てや能力開発など企業の人事管理上の問題であると痛感しているからだ。女性は「やる気がない」「昇進への意欲が低い」などと個人の問題として片付けてしまうのは事の本質を大きく見誤っており、管理職、雇用主の責任逃れである。日本で女性の管理職登用が進まない大きな要因も、この点にある。

女性部下の意欲を引き出すマネジメントには、何らかの課題に直面した際に自分ならうまく遂行できるという効力期待や自信、つまり自己効力感を高めるために実績を積み、能力を磨く機会、そして失敗も成功も体験できる場の提供が重要だ。男性管理職の勝手な決めつけが、女性部下とのコミュニケーション不全ばかりか、本人のキャリア形成にまで悪影響を及ぼす可能性があることをしかと心得ておくべきである。

「謙虚な問いかけ」が信頼を育む

職場のマネジメント、人材育成において非常に重要なのが、信頼を得ることであるのは言うまでもない。管理職男性が世代間、男女間の考え方や価値観の違いなどを十分に理解したうえで、コミュニケーションを取ったとしても、信頼関係が築けていなければ一時的な対処療法に終わってしまうだろう。だが、どのようにして信頼を獲得するかは難題である。

そこで、部下との信頼関係を築くための一つの手掛かりとなるのが、組織心理学の第一人者である米国のエドガー・H・シャインが指摘する「Humble inquiry（謙虚な問いかけ）」である（Schein 2013 = 2014）［訳語は邦訳版のものを使用］。シャインは「話す」「聞く」よりも、「問いかける」ことが、相手との関係を発展させ、信頼が生まれると説く。なぜかというと、その行為が相手に関心を持ち、理解したいという気持ちの表れであり、また主導権を渡すことによって相手の警戒心を解いて優位に立たせる。さらには、自分にはわからない点があることを認め、一時的に自身を弱い立場に置く行為にもなるためだという。

無論、この問いかけは自分の主張が正しいことを確認するために、質問形式に置き換えただけの誘導質問や、相手を威嚇するような上から目線の質問であってはならない。注意深く気を配り、真摯に耳を傾けるという「謙虚さ」が不可欠なのだ。

果たして、どれだけの上司が部下に、この「謙虚な問いかけ」を実践できているのだろうか。実績を積み重ね、職場での地位が高くなればなるほど、人に尋ねることが億劫《おっくう》になるものだ。それも自分よりも地位の低い部下に対して、謙虚に問いかけることなど到底できない、という管理職が大半なのではないだろうか。

謙虚な問いかけを妨げるそんな思考こそが、まさに旧態依然とした「男社会」の価値観に基づいている。古い男性主導の固定観念を矯正しない限り、世代間、男女間の価値観が交錯し、異文化理解や多様性の受容が求められている昨今の労働現場において、部下からの信頼は得られない。このことを十分に理解せずして、意識・行動改革は進まないのだ。

3　役割期待のズレを知る

夫婦「幻想」がもたらすモラハラ

ここまで、パワハラやセクハラを誘引する可能性のある職場でのコミュニケーション不全などの要因や対策を整理してきたが、家庭におけるモラハラはどうだろうか。

態度や言葉による嫌がらせを繰り返す精神的暴力であり、受けた者に大きな不安や苦痛、恐怖を与えるモラハラは家庭という私的領域においては夫婦、親子という親密な関係性で発生して可視化されにくいハラスメントなだけに、非常に深刻な問題である。精神的暴力をやめさせるのは容易なことではなく、一般的にモラハラを受けている妻はそんな惨状から抜け出すため、離婚に向けて動くケースも少なくない。

本書で紹介した事例では、夫が男はこうあるべき、という旧来の「男らしさ」規範、性別役割規範に囚われているのと同時に、故意に妻を貶《おとし》めるというよりは、「男社会」の価値観を家庭に持ち込み、無意識のうちにモラハラ行為に及んでいた。その代償として、妻から思いもよらない離婚を突き付けられたり、DV被害に遭ったりするなど、言わば反撃ともいえる行為を受けることになる。皮肉にも、こうした男たちはモラハラの加害者であると同時に、二次的被害を受けている側でもあるのだ。

この〝無自覚モラハラ〟を引き起こす根底にあるのが、男性が夫婦のあり方に抱く「幻想」である。

満たされない承認欲求

夫婦像への幻想について、承認欲求と役割期待の観点から考えてみたい。

家族の危機が叫ばれて久しいが、夫婦関係が不安定化している要因の一つとして、社会学者の山田昌弘は配偶者に期待する愛情の水準が上昇したことを挙げる（山田 2001、2005）。かつては夫婦にとって生活がより豊かになることが共通の目標であったため、たとえ愛情が曖昧であっても疑問を抱かず、それぞれの役割を務め、夫は妻に生活面で、妻は夫に経済面で互いに依存し合っていることが愛情であると思い込むことができた。しかし、ある程度生活が豊かになり、一定以上の生活水準の上昇が見込めなくなると、ただ自分の役割を果たして生活を共にしているだけでは満足できず、なおいっそう多くのことを配偶者に求め、また求められるようになるという。

これは米国の心理学者、アブラハム・マズローが指摘した承認欲求の高まりであるといえるだろう。マズローによると、人間の欲求は生理的欲求、安全の欲求、社会的欲求、承認欲求、自己実現欲求――という5段階のピラミッドのように構成され、低階層の欲求が満たされると、次に高い階層の欲求が現れるという（Maslow 1970=1987）。言い換えれば、人には最も高い次元の欲求として自己実現があり、その前提条件として承認欲求が満たされなければならないということになる。

他者・周囲から認められたい、高く評価されたいという承認欲求は、家庭や職場、広く社会など幅広い場面で個人間や集団内で沸き起こるものだが、特に配偶者ら家族に対する承認欲求が満たされるかどうかはアイデンティティ（自己同一性）とも直結し、日々の営みにおいて大変重要な要素だ。

承認欲求が満たされない状況において、男たちは、妻はこうあるべきという内在化された規範意識に沿った、非現実的ともいえる過剰な役割を幻想の中に期待するようになる。幻想という膜を張ることにより、現実とのギャップを埋めようとするのだ。

現代の社会状況を不安定な「流動化、液状化」という概念で分析しているポーランド出身の社会学者、ジークムント・バウマンは、理想とする家庭にある「夢のような安心・安全を手に入れることが難しい」ため、それを求めて幻想に逃避していると分析する（Bauman 2000: 172［筆者訳］）。また、家庭と職場の逆転現象を指摘した米国の社会学者、アーリー・ホックシールドは、時間に追われて暮らす状況下で家庭において十分なコミュニケーションを取れない人々が、幻想の中に理想的な家族をつくり出そうとしていると論じた（Hochschild 1989）。

取材事例から特徴的なものを挙げると、自らのモラハラ行為について、「家内が別人のように変わってしまったから」（金属部品製造部長・50歳男性）と言うのは、夢のような妻像を追い求め過ぎたがゆえの末路であることを物語っている。また「僕よりも仕事を重視する妻が許せない」（教育サービス事業開発部課長・42歳男性）と憤るのは、相手の気持ちを理解しようとせず、現実を直視することもなく、ただ幻想の中の「妻」を基準に過剰な役割を期待してきたエゴに過ぎない。

「家政婦扱いする夫に虐げられてきた」「本音では私の仕事での活躍を嫉妬している夫に幻滅した」など、妻が悲痛な心境であることなど露知らず――。

〝無自覚モラハラ〟は、まさにこの幻想を追求するプロセスで起きているといえるだろう。第4章でも「職場化する家庭」でのモラハラ事例を紹介したが、たとえ家庭が職場化し、安らぎよりも効率性を重視した場へと変容しても、現実から目をそむけず、家庭を共同経営するパートナーとして、夫婦関係を前向きに捉え直せば、モラハラは食い止められるのではないだろうか。

相手に求め、期待し過ぎない

ここまで、管理職に就く中年男性たちが職場や家庭で無意識のうちにハラスメントを行ってしまう背景には、世代間、男女間、夫婦間におけるコミュニケーションの問題があり、さらに部下や妻との意思疎通を困難にしているのが、価値観の違いのほかにも、相手に対する承認欲求が満たされないこと、こうあるべきという相手への過度な役割の期待があることを見てきた。

これらの問題を乗り越え、〝無自覚ハラスメント〟を起こすことのない良好な関係を築くには何が必要か。三つの方策を提案したい。

まず一つ目は、価値観の違いを受け入れ、なぜそう考えるのかを相手の立場になって理解しようと努めること。異なる考え方、文化を持った者同士のコミュニケーションには、相当の努力と工夫が必要であることを心得ておく必要がある。

次に二つ目として、相手から高く評価されたいという承認欲求の水準を下げるとともに、自己効力感を高めること。他者評価に固執すると、アイデンティティを失い兼ねない。自分のものさしで自己評価し、自分を受け入れる。つまり自己承認しつつ、少しずつでも自信をつけていくことで、承認欲求が満たされないという苦しみから解放されるのではないだろうか。

そして最後に三つ目として、相手に対して求める役割期待の度合いを低く見直すこと。すなわち、相手に多くのことを求め過ぎないことである。例えば、部下に対して、自分の指示を無批判に受け入れて従わなければならない。妻に対して、一家を養っている自分に常に尊敬の念を言動で示すべきである――などという権威主義的な「男社会」の行動規範に沿った役割への過度な期待だ。「そこまで求めているわけではない」と思う人も多いだろう。だが、承認欲求も役割期待も、努めて意識して過剰な部分を削ぎ落とさない限り、何かの拍子に規範の押しつけへと振り子が大きく揺れることはままあるものだ。

相手に求めるものはあくまでも、こちら側の価値観に基づいている。まして世代間や男女間で物事を判断する基準が異なる以上、相手がどのような上司、夫を評価しているのか、また相手が自分自身の役割をどう考えているのかなど、認識が異なって当然だ。役割期待のズレは対人ストレスを招く。たとえ、職場でやる気を起こさせるために良かれと思ってかけた期待であっても、特に若手や女性にとってはプレッシャーとなって精神的負担を感じ、逆効果となることもある。

相手の考えや気持ち、さらには相互関係の現状把握を度外視して、ただ相手はこうあるべきという己の価値観や理想を押しつけたうえに、自身を上司、夫として高く評価することを求める。そして、相手から思うような反応が得られないと、ますますエスカレートしていき、〝無自覚ハラスメント〟に及んでしまう。そんな悪循環に陥っているケースが少なくないのである。

4 「男らしさ」の呪いを解く

男を追い詰めるジェンダー規範

最後に、新たな時代にもはや適応できなくなった「男社会」を思想、観念的に支えた固定的な「男らしさ」のジェンダー規範の視座から、職場や家庭で〝無自覚ハラスメント〟行為に及ぶ中年男性の価値観について考察する。

「男らしさ」のジェンダー規範とは、男は「出世競争を勝ち抜かねばならない」「一家の大黒柱として妻子の経済的・精神的支柱であるべき」「冷静沈着で、弱音を吐いてはいけない」――といった固定観念だ。

笹川平和財団が2019年に公表した「新しい男性の役割に関する調査報告書」によると、男性（全国の5000人対象。平均年齢は42・5歳）の53・7%が「仕事では競争に勝ちたい」と答えたのをはじめ、「男は外で働き、女性は家庭を守るべきである」が34・9%、「他人に弱音を吐くことがある」が「当てはまらない」が60・0%を占めるなど、いまだに旧来の「男らしさ」規範を支持している男性が多いことがわかった。

一方、女性も、夫に一家の稼ぎ手としての役割を求めており、内閣府の「『男性にとっての男女共同参画』に関する意識調査報告書」（12年公表。20歳代～60歳代の未・既婚男女計６０００人対象）では、「（結婚したら）夫は家族のために、仕事は継続しなければいけない」という考えについて、女性は約８割（未婚73・5％、既婚83・3％）が肯定的（男性は未婚71・9％、既婚79・4％が肯定的）だった。女性は家庭でのケア役割を果たすために、不本意ながら無職だったり、非正規雇用で働いていたりするケースも少なくなく、これはジェンダー化された社会構造の問題だが、男性が主に家計を担うという性別役割規範を積極的か消極的かは別として、女性の多くが受け入れていることがうかがえる。

男性が部下や妻に対し、自身が思い描く役割を押しつけていることはすでに述べたが、それにも増して、男たち自身が自らを旧態依然とした固定的な「男」の枠組みにはめ込み、その規準に照らし合わせて常に己と他の男性を比べ、優劣を競い合っている。職場でも家庭でも、この規範に基づき、いかに高い評価を得るかに全力を注いできたと言っても過言ではない。

事例でも紹介した通り、女性は長い間、男性優位の企業社会で虐げられてきたのだから、女性部下に昇進のチャンスを与えれば喜んで受け入れるに違いない。男性は少しでも弱みを見せたらパワーゲームに負けるため、育休は取るべきではない。妻子は家族を養う自分を頼もしく思っているはずだ——といった一方的な価値観の決めつけや理想の押しつけがハラスメントにつながっているケースは少なくない。こうしたジェンダー・バイアスもまた、「男らしさ」を正当化し、自己防衛するための手段になっているのだ。

「被抑圧性」に苦しむ従属的な男性たち

オーストラリアの社会学者、レイウィン・コンネル（女性への性転換者で、後述の研究発表時は男性名のロバート・ウィリアム・コンネル）は、従来、対女性の構図で単一の集団として語られてきた男性性について、複数性と男性間の支配構造に着目し、「覇権的男性性」と「従属的男性性」という概念を構築した。コンネルによると、覇権的男性性とは、「男性の支配的位置と女性の従属を保証する（と考えられる）、家父長制の正当化の問題について、今のところ一般に受け入れられる答えを具現化するジェンダー実践の形態」という（Connell 1995: 77［筆者訳］）。

すなわち、覇権的男性性が、高収入で社会的に成功した地位に就いているなど支配的な立場にいる当の男性たちだけでなく、そのような男性像を具現化できない周縁的ともいえる従属的な立場の男性たち、さらには女性たちや社会全体からも、男のあるべき姿として支持されることによって、男性による女性の支配が正統化されているという。言い換えれば、主導的な「男らしさ」として称賛されるのが覇権的男性性であり、「男らしくない」追従的な男性性が従属的男性性ということになる。

厳しい雇用情勢や職場環境の変化、危機が叫ばれる家族の変容などにより、日本では今、従属的な立場の男性が多数派になっていると筆者は考えているが、最も深刻な問題はそんな従属的男性たちが、いまだ「男らしさ」の呪縛から逃れられないでいることである。「男らしさ」規範の重圧は今や、「呪い」にまで深刻化している。

覇権的男性たちは従属的男性を蔑《さげす》み、脇へ追いやることによって自分たちの優越性、権威を誇示してきた。ただ、従属的男性を苦しめているのは、覇権的男性だけではない。女性たちも、社会意識としても、表向きは男性に仕事優先の生活よりも、育児参加、ワーク・ライフ・バランスを保つことを求めつつ、本音の部分では職場、家庭で権威を保持し、伝統的な「男らしさ」を体現することを要請しているケースが少なくない。つまり、二重拘束（ダブルバインド）を受けているのが現実なのである（職業生活において「活躍」するべきという規範の一方で、家事・育児などのケア役割を性別役割規範として課せられているダブルバインドの問題は、女性も同じだ）。

英国のアーティスト、グレイソン・ペリー（2016＝2019）は、男たちは「男らしさ」に疑問を持つ必要があり、男性性は変わらなければならないと述べ、「男性性の犠牲者の半分が男性」にもかかわらず、男性自身が危機的状況にある男性性を問題視しないことを批判。そのうえで、男性には「傷ついていい権利」「弱くなる権利」「間違える権利」「直観で動く権利」「わからないと言える権利」「気まぐれでいい権利」「柔軟でいる権利」「これらを恥ずかしがらない権利」などがあると訴えた（197頁）。

筆者は男性間の支配構造において従属的立場にある男性たちに、男の特権を回復せよ、と主張しているのではない。そもそも、彼らは伝統的な「男らしさ」規範を実現できないがゆえに、覇権的男性たちや女性たち、社会から抑圧されている側である。このような「被抑圧性」に苦しむ、言い換えれば、平等の恩恵を受けられていない男性が増えて多数派になっていることを踏まえ、女性だけでなく、男性自身も、被抑圧性から解放される権利を獲得すべきだと考えるのだ。

ペリーの主張はもっともだが、どれだけの男性が彼の指摘した権利を行使することができるだろうか。残念ながら、日本の中年期の男性たちは難しいと言わざるを得ない。なぜなら、彼らの多くが実現が難しいにもかかわらず、覇権的男性性を志向すると同時に、男性は皆、特権を保持して行使しているという社会の誤った認識により、男性をひと括りにして「抑圧性」の象徴として吊《つ》るし上げられているからである。無論、特権を棚上げし、男であることの代償だけを主張することなど決してあってはならない。しかし、男たちが背負っている代償を度外視することもまた、真の意味での男女平等からは程遠い。

ただ、少しずつでも自らの意志で「男らしさ」の呪いを解いていくことは可能である。その手始めとしての日常生活での実践が世代間、男女間、夫婦・親子間での価値観の相違を受容し、理解することなのだ。これがひいては、ハラスメントの防止につながっていくのである。

「生きづらさ」に性差はない

近年、ポジティブ・アクション（積極的差別是正措置）をはじめとする「女性活躍」政策を推進する過程において、行き過ぎた女性優遇が男性差別につながっているケースを取材、調査する機会が増えた。これも、紛れもない日本のジェンダー問題である。ポジティブ・アクションとはそもそも、性別や人種などによる不平等をなくすための暫定的な優遇措置のこと。男女の不平等については、必ずしも女性の優遇を前提としているわけではなく、性別にかかわらず、どちらか一方が多数を占めている業種や職種、役職などについて、バランスを取るための是正措置なのだ。

ところで20年12月、女性の管理職（公務員の上級職）が多すぎるという理由で、パリ市に罰金が科せられたと米ＣＮＮテレビが報じた。パリ市が18年に管理職登用した16人のうち、11人を女性が占め、管理職のうち、どちらかの性別が占める割合が60％を超えてはならないというソヴァデ法（13年制定）に基づく規定に反したためだ（19年の法改正で罰金の罰則は廃止されたが、問題の登用は法改正前のために対象となった）。女性管理職を増やす政策を推し進めている日本から見ると違和感を抱くかもしれないが、性別にかかわらず不均衡を是正する本来のポジティブ・アクションを遂行したまでのことなのだ。

男性にとっても、ジェンダー平等は不可欠である。欧米では男性もジェンダー問題の当事者であると捉え、男性に対する差別を撤廃し、男女平等を目指す思想・運動であるマスキュリズムが浸透しているが、日本では普及しておらず、男性が声を上げる場所がほとんどない状態だ。日本でも１９９０年代にメンズリブ（男性解放思想・運動）が起こったが、大きなムーブメントには至らなかった。

男性の生きづらさを問題視することについては近年、一部の研究者らから、「女性の生きづらさと同等に扱うべきではない」「男性の特権を放棄せずして、その代償は語れない」といった批判が強まっている。

しかしながら、筆者は人間の生きづらさの内容に性差はあっても、その程度に性差はないと考える。女性は男性優位の社会構造、イデオロギーに長い間、辛酸をなめてきたが、一方で男性も、「男らしさ」規範に従うために長時間労働や私生活の犠牲を強いられ、規範からの逸脱に対する厳しい世間の目にさらされてきたからである。

ここで男女の生きづらさの本質について触れておくと、社会学者の多賀太はその非対称性を指摘し、女性の生きづらさの本質は「能力発揮、成功、上昇の機会が奪われたり制限されたりする」社会的達成の阻害にあるのに対し、男性のそれは「能力発揮、成功、上昇へと駆り立てられる」社会的達成への脅迫にあるという（多賀 2016：58頁）。ジェンダー化された社会構造や社会的圧力に着目した優れた分析である。

だが、女性の生きづらさは、公的領域における能力発揮などの機会が阻害されることだけではない。産み、働き、さらに管理職に就いて「活躍」すべきであるという、昨今の社会規範の〝三重圧力〟に苦しんでいる女性は多い。と同時に、従来、私的領域に自らの輝ける場を求めてきた専業主婦の中には、家事や育児というケア役割に専念する生き方が社会的評価を得られにくくなってきていることに思い悩むケースが少なくない。

他方、男性の生きづらさの本質は今や、社会的達成への脅迫という次元をはるかに超え、達成不能な己に対する絶望にまで深刻化してきている。これが、1000人を超える男女の人生と心の機微に寄り添い、1回で終わることなく、最長で20年余りに及ぶ継続的なインタビューを行ってきた筆者がたどり着いた帰結である。

固定観念を覆す男性像と多様性のある社会

もはや通用しない固定的な「男社会」の古い価値観に固執している限り、近い将来、男たちは社会的排除の憂き目に遭うだろう。自分たちがかつて男性優位社会の同調圧力のもと、女性を、「男らしくない」男性を、規範から逸脱した異質なものとして排除してきたのと同様に、今度は自らが排除されてしまうというわけだ。このような負のスパイラルを今こそ、断ち切る必要がある。そうして、社会から捨てられないために、まず男たちそれぞれが新たな男性像を切り開いていかなければならない。

そのためには、他者が、組織が、社会が決めた評価基準に惑わされず、己の確固たる信念に基づいて自分のものさしで自己評価しながら、少しずつでも着実に前進していくことが重要である。

社会学者の伊藤公雄は、「男らしさ」の固定的な意識や男性主導の均質的な組織運営では対応不能になった「メンズ・クライシス（男性の危機）」の状況で、「剥奪《はくだつ》感の男性化」が日本の男性を襲っていると警鐘を鳴らす（伊藤 2018）。長年の男性学・男性性研究に裏付けされた説得力のある分析だ。伊藤によると、かつて維持していた経済力の喪失をはじめ、職場や家庭での危機の深化が男性たちにとって、「何か奪われている」という不満や不安感を募らせている。そして、「男らしさ」規範の要請と、その実現不能性の間で揺れ動く不安定な男性性が、性暴力やハラスメントなど病理的な社会現象の背景にあるという。

男性に私生活の犠牲を強い、育児・介護などのケア役割の遂行を妨げている長時間労働の是正、公的機関による男性のための相談事業の拡充など、男性を対象としたジェンダー平等政策は、日本の喫緊の課題であり、欧米諸国から大きく立ち遅れている。例えば、欧州連合（EU）は近年、新たな男性のあり方を示す政策的な概念として、ケア役割に関与する「Caring masculinity（ケアする男性性）」を提唱している。しかし、日本で男性の生きづらさがますます深刻化するなか、政策の立案、実行を待っている猶予はない。男性自身がまず意識、行動改革を実践するしか手立てはないのだ。

古くからの固定的な「男らしさ」すべてを捨て去る必要はない。己を見つめ直し、自分なりに「男らしさ」の概念を捉え直してみるのである。固定観念を覆す十人十色の「男」がいてもいいのではないだろうか。

女性も社会も、本音の部分で旧来の「男らしさ」を求めるのではなく、また男性が排除されるのは自業自得と切り捨ててしまうのでもなく、男たちが見出し始めた新たな男性のあり方を受容していく。そんな多様性と包摂性のある社会への変革が今、早急に求められている。

そして筆者は、これからも男たちの声にならない慟哭《どうこく》を全身全霊で受け止め、その苦しみにどこまでも寄り添っていきたい。

おわりに

インタビュー記録を整理している時などに、現実と虚構の境界線を見失うことが時々あります。若かりし頃、芝居にどっぷり浸《つ》かっていたためか、あるいは年を取ったせいかもしれません。でも、冷静に俯瞰してみて、その大きな要因にはたと気づきました。想像を絶する事実に遭遇することが、あまりにも増えたからに違いないと。

最も激しく心揺さぶられるのが、人々の社会規範との壮絶なまでの闘いです。本書では、多様化が求められている時代に、もはや通用しなくなった男性主導の画一的で排他的な「男社会」の価値観に囚われ、固定的な「男らしさ」のジェンダー規範から逃れられないでいる中年男性をメインに取り上げましたが、性別、年齢を問わず、他者・社会からの規範、価値観の押しつけに苦悩する人たちはたくさんいます。

本書で描いた上司世代とは職場でカウンターパートとなる部下世代の男性もまた、ジェンダー規範の重圧に苦しんでいます。「男女平等」教育を受け、「男らしさ」の概念など持ち合わせていなかった教え子の中には、社会人としてスタートを切った途端、「男らしさ」を求められ、また一方では非難され、困惑している男性が少なくありません。若い世代にまで侵食しつつある負の連鎖を今こそ、断ち切らねばならない。筆を擱《お》くにあたって強く感じることです。

20年余り前から、男性の生きづらさを追ってきました。長い間、社会問題として認識されてこなかったテーマであり、自身のつらさを他者に打ち明けにくい性向にある男性の声なき声を掬《すく》い上げたいという想いに衝き動かされたからです。「女のくせに、男性の何がわかるんだ！」「女性なのに、男に同情するなんて……」などと男女双方からお叱りのお言葉をいただいてきました。今こうして書き続けられているのは、問題が解決するどころか、なおいっそう深刻化していることに加え、読者の皆さんに少しずつでも主張・訴えが受け入れられてきたためではないかと、くじけそうになった時はいつも、己を奮い立たせるためにも言い聞かせています。

男性自身が明日に向かい、誰にも惑わされずに自分がそうと信じる生・性を見出していってくださることを切に願っています。

インタビューにご協力いただいた方々に、改めて厚くお礼申し上げます。長期にわたる取材期間中には前職を退職し、再就職活動を経て近畿大学に奉職するという人生の転換期を迎えることになりました。煩悶《はんもん》しながらも必死に前を向いて立ち上がろうとする皆さんの姿に、どれだけ勇気づけられたかわかりません。

本書をわざわざ手に取り、読んでくださった読者の皆さんにも、心から感謝しています。すれ違う時の中で、皆さんとこうしてつながれたことがこの上ない幸せです。

最後になりましたが、SBクリエイティブ学芸書籍編集部の坂口惣一さんには大変お世話になりました。また、研究信条としてきた実践知をもって社会に貢献していくということが今実を結びつつあることに、近畿大学教職員、並びに自治体等各プロジェクト関係者の皆様に謝意を表します。そして、常に刺激を与えてくれる学生の皆さん、コロナ禍での経験を糧に、一緒に頑張っていきましょう。

2021年4月　奥田祥子

参考文献

伊藤公雄（1996）、『男性学入門』作品社。

伊藤公雄（2018）、「剝奪（感）の男性化 Masculinization of deprivation をめぐって」『日本労働研究雑誌』第699号、63～76頁。

上野千鶴子（2010）、『女ぎらい ニッポンのミソジニー』紀伊國屋書店。

太田肇（2019）、『「承認欲求」の呪縛』新潮社。

岡田康子（2004）、『上司と部下の深いみぞ パワー・ハラスメント完全理解』紀伊國屋書店。

奥田祥子（2015）、『男性漂流 男たちは何におびえているか』講談社。

奥田祥子（2016）、『男という名の絶望 病としての夫・父・息子』幻冬舎。

奥田祥子（2018）、『「女性活躍」に翻弄される人びと』光文社。

奥田祥子（2019）、『夫婦幻想』筑摩書房。

奥田祥子（2020）、『社会的うつ うつ病休職者はなぜ増加しているのか』晃洋書房。

阪本節郎・原田曜平（2015）、『日本初！ たった1冊で誰とでもうまく付き合える世代論の教科書』東洋経済新報社。

多賀太（2016）、『男子問題の時代？ 錯綜するジェンダーと教育のポリティクス』学文社。

守屋智敬（2019）、『「アンコンシャス・バイアス」マネジメント』かんき出版。

山田昌弘（2001）、『家族というリスク』勁草書房。

山田昌弘（2005）、『迷走する家族 戦後家族モデルの形成と解体』有斐閣。

Baron-Cohen, Simon (2003), *The Essential Difference: The Truth About the Male and Female Brain*, New York: Basic Books.（＝２００５、『共感する女脳、システム化する男脳』三宅真砂子訳、ＮＨＫ出版）。

Bauman, Zygmunt (2000), *Liquid Modernity*, Cambridge: Polity Press.

Connell, R. W. (1988), *Gender and Power*, Stanford: Stanford University Press.

Connell, R. W. (1995), *Masculinities*, Berkeley: University of California Press.

Hall, Edward T. (1976), *Beyond Culture*, New York: Doubleday.

Hirigoyen, Marie-France (1998), *Le harcèlement moral: la violence perverse au quotidien*, Paris: La Découverte et Syros.（＝１９９９、『モラル・ハラスメント』高野優訳、紀伊國屋書店）。

Hochschild, Arlie Russell (1989), *The Second Shift: Working Parents and the Revolution at Home*, New York: Viking Penguin.

Hochschild, Arlie Russell (1997), *The Time Bind: When Work Becomes Home and Home Becomes Work*, New York: Henry Holt and Company.

Maslow, Abraham H. (1970), *Motivation and Personality*, 2nd ed., New York: Harper & Row.（＝１９８７、『改訂新版 人間性の心理学』小口忠彦訳、産業能率大学出版部）。

Meyer, Erin (2014), *The Culture Map: Breaking Through the Invisible Boundaries of Global Business*, New York: PublicAffairs.

Perry, Grayson (2016), *The Descent of Man*, London: Allen Lane.（＝２０１９、『男らしさの終焉』小磯洋光訳、フィルムアート社）。

Schein, Edgar H. (2013), *Humble Inquiry: The Gentle Art of Asking Instead of Telling*, San Francisco: Berrett-Koehler Publishers.（＝２０１４、『問いかける技術』金井壽宏監訳・原賀真紀子訳、英治出版）。

著者略歴

奥田祥子（おくだ・しょうこ）

近畿大学教授。ジャーナリスト。博士(政策・メディア)。専門は労働・福祉政策、ジェンダー論、メディア論。京都生まれ。1994年、米・ニューヨーク大学文理大学院修士課程修了後、新聞社入社。新聞記者時代から独自に取材、調査研究を始め、2017年から現職。慶應義塾大学大学院政策・メディア研究科博士課程単位取得退学。2000年代初頭から社会問題として俎上に載りにくい男性の生きづらさを追い、2007年に刊行した『男はつらいらしい』（新潮社、文庫版・講談社）がベストセラーに。「仮面イクメン」「社会的うつ」「無自覚パワハラ」など、斬新な切り口で社会病理に迫る。市井に生きる人びとの苦しみに寄り添い、声なき声を拾い上げることを信条に、対象者一人ひとりへの最長で20年に及ぶ継続的なインタビュー手法が持ち味。著書に『男性漂流 男たちは何におびえているか』（講談社）、『「女性活躍」に翻弄される人びと』（光文社）、『社会的うつ うつ病休職者はなぜ増加しているのか』（晃洋書房）、『夫婦幻想』（筑摩書房）、『男という名の絶望 病としての夫・父・息子』（幻冬舎）などがある。日本文藝家協会会員。

SB新書　545

捨《す》てられる男《おとこ》たち

劣化《れっか》した「男社会《おとこしゃかい》」の裏《うら》で起《お》きていること

2021年6月15日　初版第1刷発行

著　者　奥田祥子《おくだしょうこ》

発行者　小川 淳

発行所　SBクリエイティブ株式会社
〒106-0032　東京都港区六本木2-4-5
電話：03-5549-1201（営業部）

装　幀　長坂勇司（nagasaka design）
本文DTP　荒木香樹
本文デザイン　松好那名
編集担当　坂口惣一
印刷・製本　大日本印刷株式会社

本書をお読みになったご意見・ご感想を下記URL、
または左記QRコードよりお寄せください。

https://isbn2.sbcr.jp/07722/

落丁本、乱丁本は小社営業部にてお取り替えいたします。定価はカバーに記載されております。本書の内容に関するご質問等は、小社学芸書籍編集部まで必ず書面にてご連絡いただきますようお願いいたします。

ISBN 978-4-8156-0772-2